Todos los libros de Linkgua Ediciones cuentan con modelos de Inteligencia Artificial entrenados por hispanistas. Pregúntale al chat de tu libro lo que desees acerca de la obra o su autor/a.

Para ebooks: Accede a nuestro modelo de IA a través de este enlace.

Para libros impresos: Escanea el código QR de la portada con tu dispositivo móvil.

Obtén análisis detallados de nuestros libros, resúmenes, respuestas a tus preguntas y accede a nuestras ediciones críticas generativas para una experiencia de lectura más enriquecedora.
La transparencia y el respeto hacia la autoría de las fuentes utilizadas son distintivos básicos de nuestro proyecto. Por ello, las respuestas ofrecen, mediante un sistema de citas, las fuentes con las que han sido elaboradas.

Francisco de Quevedo y Villegas

Vida de Marco Bruto

Barcelona 2024
Linkgua-ediciones.com

Créditos

Título original: Vida de Marco Bruto.

© 2024, Red ediciones S.L.

e-mail: info@linkgua.com

Diseño de cubierta: Michel Mallard.

ISBN rústica ilustrada: 978-84-9816-884-6.
ISBN tapa dura: 978-84-9897-084-5.
ISBN ebook: 978-84-9897-764-6.

Sumario

Brevísima presentación

Vida de Quevedo

Francisco de Quevedo y Villegas (Madrid, 1580-Villanueva de los Infantes, Ciudad Real, 1645). España.

Hijo de Pedro Gómez de Quevedo, noble y secretario de una hija de Carlos V y de la reina Ana de Austria. Francisco de Quevedo estudió con los jesuitas en Madrid, y luego en las universidades de Alcalá (lenguas clásicas y modernas) y Valladolid (teología). Tras su regreso a Madrid tuvo la protección del duque de Osuna, con quien viajó a Sicilia en 1613. Osuna fue nombrado virrey de Nápoles y Quevedo ocupó su secretaría de hacienda y participó en misiones políticas contra Venecia promovidas por su protector. Cuando éste cayó en desgracia Quevedo sufrió destierro y prisión, pero regresó a la corte tras la muerte de Felipe III. Durante años tuvo buenas relaciones con Felipe IV, aunque no consiguió ganarse la simpatía de su favorito, el conde-duque de Olivares. Se especula que dejó bajo la servilleta del monarca el memorial contra Olivares titulado «Católica, sacra, real Majestad», lo que motivó su detención en 1639. Se cree, en cambio, que terminó en un calabozo del convento de San Marcos de León, donde estuvo hasta 1643, víctima de una conspiración.

Murió en Villanueva de los Infantes.

La Vida de Marco Bruto es un ensayo de reflexión política en el que se glosa la vida del célebre asesino de César escrita por Plutarco.

Vida de Marco Bruto

Escríbele por el texto de Plutarco don Francisco de Quevedo Villegas, Caballero del Hábito de Santiago y Señor de la Torre de Juan Abad

Dedicatoria

Al Excelentísimo señor don Rodrigo Díaz de Vivar y Mendoza de la Vega y Luna, Duque del Infantado, Señor de las Casas de Mendoza y de la Vega, Conde de Lerma y Marqués de Cea, Marqués del Cenete, Marqués de Santillana, Marqués de Argüeso, Marqués de Campo, Conde de Saldaña, Conde del Real de Manzanares, Conde del Cid, Señor de Hita y Buitrago, Señor de las Baronías de Alberique, Alcocer, Alazquer y Gavarda, Señor de la Provincia de Liébana y de las Hermandades de Álava, Señor de la villa de Jadraque y su tierra, Señor de las villas del Sexmo de Durón, Señor de Ayora y Tordehumos, etc.; Comendador de Zalamea, de la Orden de Caballería de Alcántara, mi señor.

Excelentísimo señor:

Marco Bruto (excelentísimo señor) fue por sus virtudes, esclarecida nobleza, elocuencia incomparable y valor militar, el único blasón de la república romana; lo que mostró yéndose en defensa de la patria a los riesgos de la batalla farsálica, en que se perdió con el grande Pompeyo en las guerras civiles. Invíole a vuecelencia para que, escrito, aprenda con mortificación suya a militar en semejantes guerras parientas con vitoria. Tales han sido las de Cataluña, con el raro y sin comparación glorioso suceso de Lérida, en cuyo sitio vuecelencia ha sido soldado en el ejército y ejemplo a los soldados, coronando su grandeza más gloriosamente con lo rústico de la fagina, que con las presunciones del laurel, cuyas ramas mancilla la recordación de haber sido ninfa. No pidió menor desempeño el determinarse vuecelencia a seguir, como le fue posible, el ejemplo nunca bastantemente admirado de nuestro grande, mayor y máximo monarca don Felipe IV: su determinación añadió al ejército lo que le faltaba para tan dilatada circunvalación; su constancia ha sido batería; sus órdenes, vitoria; su piedad magnánima, logro del triunfo. Esto, pues, estando tanto peor alojado que los más pobres mosqueteros, cuanto es peor que una barraca un hospital, siendo así que Fraga lo ha sido de todo el campo, habitada del horror de heridos y muertos: sitio menos seguro de la enfermedad y del enemigo, que los cuarteles. Señor, no presumo que vuecelencia leerá este libro; prométome le recibirá. Séame lícito compararme conmigo: si todo lo que he escrito ha sido defetuoso, esto es lo menos malo. Si algo ha sido razonable, esto es mejor. De mucho que debo a vuecelencia le doy lo menos, y me quedo con lo más. Lo que invío es una demostración en pocas hojas. Quédome con inmenso cúmulo de honras y favores que de vuecelencia he recibido. Guarde nuestro Señor a vuecelencia, como deseo. Madrid, 4 de agosto de 1644.

Don Francisco de Quevedo Villegas.

Aprobaciones

Por comisión del señor licenciado Gabriel de Aldama, vicario general de Madrid, he visto este libro intitulado Vida de Marco Bruto, cuyo autor es don Francisco de Quevedo Villegas, caballero de la Orden de Santiago; y reconozco en él muy útiles advertimientos políticos para ejemplo y escarmiento, tanto que se conoce en ellos más intención de aprovechar a otros que ambición de alabanza propia. El estilo es el que en tantas obras suyas hemos leído, traducidas en los idiomas italiano, inglés, flamenco, francés y latino. No hay en esto voz que ofenda las buenas costumbres, ni discurso contrario a nuestra santa fe católica romana, y así, me parece digno de la licencia que pide.

En Madrid, a 16 de junio de 1644. Doctor don Diego de Córdoba.

Aprobación del doctor don Antonio Calderón, canónigo magistral de la santa iglesia de Toledo

Vuestra alteza me mandó viese la Vida de Marco Bruto que ha escrito don Francisco de Quevedo Villegas, caballero de la Orden de Santiago. Hela visto, y no hallo en ella cosa que desdiga de la religión y costumbres cristianas. Lo que hallo es en pocas hojas muchos volúmenes de la más atenta política. Aquí enseña a los príncipes el gobierno, a los vasallos la obediencia, a todos el celo del bien público. Traduce don Francisco a Plutarco y le comenta; y aunque aquel autor dejó mucho y bien dicho, muestra don Francisco en la traducción que lo bien dicho se pudo decir mejor, y en el comento que lo mucho pudo ser más. Y excediendo a Plutarco don Francisco en los discursos, hace que Plutarco exceda a Plutarco en el texto. En esta obra une a la lengua española la majestad de la latina, con la hermosura de la griega, para envidia y admiración de las demás. La Cuestión política de Julio César es otro testigo desta verdad; y la Suasoria séptima de Marco Séneca, traducida, muestra que Séneca, como español, habla mejor en español que en latín, y que persevera en España la familia de los Sénecas en el ingenio, ya que no en la sangre. Dejose el cordobés indefensa la segunda parte de la Suasoria, porque la juzgó indefensible; y don Francisco, tomándola a su cargo, la ha hecho más fácil y aun la ha persuadido. Parece que Séneca se ha estado casi dieciséis siglos estudiando la respuesta, y que ahora la pronuncia por boca de don Francisco con las ventajas de tan larga meditación. Ceso, porque no se me manda panegírico, sino censura; y solo digo que en esta obra no solo se ha excedido don Francisco a todos, sino a sí mismo; y que es digna de la estampa por el más ilustre blasón del lenguaje español, y la más ardiente envidia de los extranjeros. Éste es mi parecer, etc.

En Madrid, a 22 de junio de 1644. Doctor don Antonio Calderón.

Juicio que de Marco Bruto hicieron los autores en sus obras

Cicerón, libro 14 de las Epístolas a Ático, epístola 17.

Siempre amé, como sabes, a Marco Bruto, por su ingenio sumo, suavísimas costumbres, singular bondad y constancia; empero en los idus de marzo tan grande amor añadió al que le tenía, que me admira hubiese lugar de aumentar la afición que a sus méritos, en mí, parecía no poder ser mayor.

Veleyo, en el libro 2 de su Historia.

Fue, empero, Casio tanto mejor capitán, cuanto varón Bruto. De los cuales más desearas a Bruto por amigo, y más temieras a Casio por contrario: en el uno era mayor fuerza, en el otro mayor virtud. Los cuales si vencieran, cuanto importara a la república más que reinara César que Antonio, tanto fuera más útil tener a Bruto que a Casio.

Séneca, en el libro 2 de los Beneficios, cap. 20.

Suélese disputar de Marco Bruto, si por ventura debió recibir la vida del Divo Julio, supuesto había determinado darle muerte. La razón que siguió en dársela, otra vez la trataremos. Cuanto a mí, si bien en otras corsas fue gran varón, en este hecho vehementemente juzgo que erró, y que no se gobernó según la dotrina estoica; porque o temió el nombre de rey (cuando debajo del poder del rey justo se juzga el mejor estado de la república), o allí esperó había de haber libertad, donde había tan grande premio al mandar y al servir; o se persuadió que la república se podía restituir al estado antiguo, perdidas las costumbres antiguas, y que allí habría igualdad del derecho civil, y que allí estarían las leyes en su lugar, donde vía pelear tantos millares de hombres, no por si servirían, sino por a quién servirían. ¡Oh cuánto olvido le embarazó, u de la naturaleza, u de su ciudad, pues muerto uno, creyó faltaría otro que quisiese lo propio! ¿Pues no se halló Tarquino, después de tantos reyes muertos, con hierro y rayos? Empero debió recibir la vida; mas por esto no le había de tener en lugar de padre al que por la injuria había venido al derecho de dar el beneficio. Porque no le guardó quien no le dio muerte: no le dio beneficio, sino licencia.

Séneca, en el libro de la Consolación a Helvila, cap. 8.
Marco Bruto juzga que basta a los desterrados (por consuelo) llevar sus virtudes consigo.

En el propio libro, cap. 9.
Bruto, en el libro que compuso De la Virtud, dice vio a Marcelo desterrado en Mitilene, y que vivía beatísimamente, cuanto entonces permitía su naturaleza; que nunca había estado más cudicioso de las buenas artes que entonces. Por eso añadió: «Que le parecía que iba el más desterrado en volver sin él, que Marcelo en quedar desterrado». ¡Oh, más dichoso Marcelo en aquel tiempo en que Bruto aprobó tu destierro, que en el que el pueblo romano aprobó tu consulado! ¡Cuán grande varón fue aquél que obligó a que alguno se juzgase desterrado en apartarse del que estaba desterrado! ¡Cuán grande varón fue el que admiró al varón que a su mismo Catón fue admirable!

El autor del Diálogo de los oradores, que, con nombre de Quintillano, abulta las obras de Tácito, cap. 25.
Porque me persuado que Calvo y Asinio, y el propio Cicerón, eran acostumbrados a invidiar y aborrecer, inficionados de todas las enfermedades humanas; solamente juzgo que, entre todos éstos, Bruto descubrió el juicio de su ánimo, no con malignidad ni con invidia, sino con simplicidad ingenua.

El juicio de Suetonio y de los demás historiadores en César dejo por remitirme al contexto de su obra, de que habla cada uno, conforme su dictamen, con afición o aborrecimiento de Marco Bruto.

Floro, libro 4, cap. 7, de la Guerra de Casio y Bruto.
¿Quién no se admirará que a lo último los sapientísimos varones no usasen de sus manos, sino el que advirtiere que aun esto no les faltó de consideración, por no violar sus manos, usando con su juicio de la ajena maldad en la muerte de sus santísimas y piadosas vidas?

Cornelio Tácito, en el libro 4 de los Anales, parágrafo 34, habla de los varones que alabó Tito Livio.
A este mismo Casio, a este Bruto, nunca los llama ladrones y parricidas, vocablos que ahora los aplican: muchas veces los llama varones insignes.

Aurelio Víctor, de los Varones ilustres.
Marco Bruto. Marco Bruto, imitador de Catón, su tío, aprendió en Atenas la Filosofía, y en Rodas la elocuencia. Fue amante de Citeride, representanta, en competencia de Antonio y Gallo. No quiso pasar a la Galia por cuestor, reverenciando el parecer de todos los buenos, que lo contradecían. Estuvo en Cilicia con Appio Claudio, y siendo éste acusado de sobornos y hurtos del erario, Bruto no tuvo nota aun de una palabra. Fue traído por Catón desde Cilicia a la guerra civil, en que siguió a Pompeyo, y luego que con él fue vencido, tuvo el perdón de César; y procónsul, gobernó la Galia: al fin, con otros conjurados, dio en el Senado muerte a César. Y inviado a Macedonia por la invidia de los soldados

viejos, vencido por Augusto en los campos filípicos, dio la cerviz a la espada de Straton.

Cayo Casio Longino. Cayo Casio Longino fue cuestor de Craso en Siria, después de cuya muerte, junto lo que había quedado del ejército, volvió a Siria. Venció a Osaco, prefecto regio, junto al río Orontes. Y porque, compradas las mercancías siríacas, negociaba feamente, fue llamado Cariota. Tribuno de la plebe, opugnó a César. En la guerra civil, general de la armada, siguió a Pompeyo: fue perdonado por César; empero contra el mismo César fue autor de los conjurados con Bruto; y dudando uno aquel día en herir a César, le dijo: «Hiérele, y sea por mis entrañas». Y habiendo juntado grande ejército en Macedonia, junto con Bruto en los campos filípicos, fue vencido por Marco Antonio. Y como pensase que a Bruto le había sucedido lo mismo, siendo así que Bruto había vencido a César, dio su garganta, que se la cortase, a Pándaro, su liberto. En oyendo su muerte Antonio, se refiere que dijo: «Vencí». El Dante sigue contraria opinión, y pone a Casio y a Bruto con Judas, no solo condenándolos por traidores, sino por pésimos traidores. Desto fue causa el ser Dante de la facción gibelina y de los emperadores.

Canto 34 y postrero del Infierno.

> Quell'ànima lassù ch'ha maggiór pena,
> Disse 'l maestro, e Giuda Scariotto
> Che'l capo ha dentro, e fuor le gambe mena.
>
> Degli altri due ch'hanno 'l capo di sotto,
> Quel che pende dal nero ceffo è Bruto:
> Vedi come si storce e non fa motto:
>
> E'l altro è Cassio che par si membruto.

El señor de Montaña, libro 2, cap. 1 de las Costumbres de la isla de Cea, dice:

Marco Bruto y Casio, por darse muerte sin tiempo y aceleradamente, acabaron de perder las reliquias de la libertad romana.

De la medalla de Bruto y de su reverso

El retrato de Marco Bruto le saqué de una medalla de plata de su mismo tiempo, original, cuyo reverso va al pie de la tarjeta, bien digno de consideración, en que se ve entre los dos puñales el pileo o birrete, insignia de la libertad, y abajo en los idus de marzo la fecha del día en que dio la muerte a César. Esta moneda, preciosísima por su antigüedad, me dio el abad don Martín la Farina de Madrigal, capellán de honor de su majestad, nobilísimo caballero siciliano. Esto debe a sus ilustres ascendientes. Lo que le debemos los que en España le comunicamos, son estudios muy felices, con verdadero conocimiento y uso provechoso de las lenguas griega y latina, de que sus obras, detenidas en su modestia, serán más venerable testimonio. Pruébase que la efigie es parecida a Marco Bruto, de la epístola 20 del libro XIV de Cicerón a Ático, con estas palabras: Epicuri mentionem facis, et audes dicere Non te Bruti nostri vulticulus ab ista oratione deterret? «Haces mención de Epicuro, y atréveste a decir: el varón sabio no se ha de encargar de la república. ¿No te espanta esta proposición el ceñuelo de nuestro Bruto?». Traduje la sentencia de Epicuro entera, como lo controvertió Séneca, si bien las palabras griegas solo dicen no se ha de llegar a la república, porque suenan truncadas y impersonales. Volví la voz vulticulus, ceñuelo, que llamamos capotillo, y no carilla, porque ésta antes es ridícula que espantosa, y el ceñuelo amenaza, y tal se ve en la medalla.

A quien leyere

Para que se vea invención nueva del acierto del desorden en
que la muerte y las puñaladas fueron electores del Imperio,
escribo en la vida de Marco Bruto y en la muerte de Julio
César los premios y los castigos que la liviandad del pueblo
dio a un buen tirano y a un mal leal. Tropelía son de la malicia los buenos malos y los malos buenos. No pretendo que
en el uno escarmienten los ciudadanos fieles, y menos que en
el otro se alienten los príncipes violentos. Sea fruto útil a las
repúblicas, temeroso a los monarcas y de enseñamiento a los
súbditos, el saber recelarse del tirano que tiene algo bueno
en que se disculpa y se desfigura, y del celoso que tiene algo
malo en que se pierde. Y el tirano y el libertador conozcan
que ni el uno logra su intento, ni el otro pierde su maldad,
cuando el pueblo, en cuya memoria no tiene vida lo pasado,
vende al interés propio la libertad, pobre por la sujeción, mas
bien socorrida. El señor perpetuo de las edades es el dinero: o
reina siempre, o quieren que siempre reine. No hay pobreza
agradecida ni riqueza quejosa; es bienquista la abundancia
y sediciosa la carestía. La libertad al tirano le muda el nombre, y la avaricia al príncipe. Es de ver si puede ser cruel el
dadivoso y justo el avariento. La comodidad responderá que
éste no lo es, ni el otro lo puede ser. Puede ser que esto no sea
verdad; mas no puede dejar de ser verdad que ella responderá
esto. Lágrimas contrahechas se derraman por padres, hijos y
mujeres perdidos, y solamente alcanza lágrimas verdaderas
la pérdida de la hacienda. Yo afirmo que lo bueno en el malo
es peor, porque ordinariamente es achaque y no virtud, y lo
malo en él es verdad, y lo bueno mentira. Mas no negaré que
lo malo en el bueno es peligro y no mérito. Enseñaré que la
maldad en el mundo antes está bien en los malos que bien
en los buenos, porque tiene de su parte nuestra miseria, que
sigue antes la naturaleza que la razón. No escribo historia,

sino discurso con tres muertes en una vida, que a quien supiere leerlas darán muchas vidas en cada muerte. Poco escribo, no porque excuso palabras, sino porque las aprovecho, y deseo que hable la dotrina a costa de mi ostentación. Aquél calla, que escribe lo que nadie lee; y es peor que el silencio, escribir lo que no puede acabarse de leer; y más reprehensible acabar de escribir lo que cualquiera se arrepiente de acabar de leer. De mí solo aseguro que ni el que me empezare a leer se cansará mucho, ni el que me acabare de leer se arrepentirá tarde. Harto haré si alcanzo a parecer bueno por poco malo, y aun esta disculpa tan culpable no se deberá a mi ingenio, sino a mi brevedad, no imitando a aquéllos que ponen su cuidado en no empezar a decir sin acabar de hablar. Gastaré pocas palabras, y haré gastar poco tiempo. Este ahorro de tan preciosa porción de la vida me negociará perdón, si no me encaminare alabanza. Este libro tenía escrito ocho años antes de mi prisión; quedó con los demás papeles míos embargados, y fueme restituido en mi libertad. Nada de lo que es mío tiene algún precio: en todo mi propia ignorancia me sirve de penitencia. Y aunque es verdad que debo antes sentir lo que imprimo, que lo que de mis obras se pierde, he querido advertir las que me faltaron de las que tenía con ésta, para que si algún tiempo salieren, sean acusación mía y no de otro. Las que hasta ahora he echado menos son: Dichos y hechos del excelentísimo señor duque de Osuna en Flandes, Sicilia y Nápoles. Todas las Controversias de Séneca, traducidas, y cada una añadida por mí la decisión de las dos partes contrarias. Noventa epístolas de Séneca, traducidas y anotadas. Una Súplica muy reverente a su Santidad por los españoles. El opúsculo de Santo Tomás del modo de confesarse, traducido y con notas. Todos papeles que muchos vieron en mi poder.

Don Francisco de Quevedo y Villegas.

Primera parte de la vida de Marco Bruto

Escribiola por el texto de Plutarco, ponderada con discursos, don Francisco de Quevedo y Villegas

Texto

Fue Junio Bruto aquel varón a quien los antiguos romanos en el Capitolio y en medio de los reyes erigieron una estatua de bronce, porque constantemente libró a Roma de la disolución de Tarquino y le echó de la ciudad, sacrificando al puñal de Lucrecia el nombre de rey, que después quedó delincuente. Éste fue progenitor de Marco Bruto, que escribo.

Discurso

Mujeres dieron a Roma los reyes y los quitaron. Diolos Silvia, virgen, deshonesta; quitolos Lucrecia, mujer casada y casta. Diolos un delito; quitolos una virtud. El primero fue Rómulo; el postrero, Tarquino. A este sexo ha debido siempre el mundo la pérdida y la restauración, las quejas y el agradecimiento. Es la mujer compañía forzosa que se ha de guardar con recato, se ha de gozar con amor y se ha de comunicar con sospecha. Si las tratan bien, algunas son malas. Si las tratan mal, muchas son peores. Aquél es avisado, que usa de sus caricias y no se fía dellas. Más pueden con algunos reyes, que con los otros hombres, porque pueden más que los otros hombres los reyes. Los hombres pueden ser traidores a los reyes, las mujeres hacen que los reyes sean traidores a sí mismos, y justifican contra sus vidas las traiciones. Cláusula es ésta que tiene tantos testigos como letores. He referido primero la descendencia de Marco Bruto que los padres, porque en el nombre y en el hecho más pareció parto desta memoria que de aquel vientre. Tenía Bruto estatua; mas la estatua no tenía Bruto, hasta que fue simulacro duplicado de Marco y de Junio. No pusieron los romanos aquel bulto en el Capitolio tanto para imagen de Junio como para consejo de bronce de Marco Bruto. Fuera ociosa idolatría si solo acordara de lo que hizo el muerto y no amonestara lo que debía hacer al vivo. Dichosa fue esta estatua, merecida del uno y obedecida del otro. No le faltó estatua a Marco Bruto, que en Milán se la erigieron de bronce; y pasando César Octaviano por aquella ciudad, y viéndola, dijo a los magistrados:

—Vosotros no me sois leales, pues honráis a mi enemigo en mi presencia. Ellos, turbados por no entenderle, dijeron que dijese quién era su enemigo. Señaló César la estatua de Marco Bruto. Afligiéronse todos, y César, riendo, alabó a los insubres, porque aun después de la adversidad honraban los amigos; y mandó no quitasen la estatua de su lugar, dando a entender generosamente que vivía de manera que tampoco le aborreció vivo. A esta propia estatua de Marco Bruto invocó C. Albutio Silo, como del vengador de las leyes y de la libertad. La sabiduría romana, que tuvo por maestro a su pobreza para premiar la virtud y la valentía, labró moneda con el cuño de la honra; batiola en el aire, y, sin empobrecerse del oro y la plata, tuvo caudal para satisfacer a los generosos y a los magnánimos. Puso asco para los premios ilustres en los metales, el verlos empleados en hartar ladrones y pagar adulterios y facilitar maldades, falsear leyes y escalar jueces. Por esto aquellos padres condenaron la plata y oro a precio desautorizado de almas vendibles y de vidas mecánicas. Honraron con unas hojas de laurel una frente; dieron satisfacción con una insignia en el escudo a un linaje; pagaron grandes y soberanas vitorias con las aclamaciones de un triunfo; recompensaron vidas casi divinas con una estatua; y para que no descaeciesen de prerrogativas de tesoro los ramos y las yerbas y el mármol y las voces, no las permitieron a la pretensión, sino al mérito. Cobráronlas las hazañas; nos las daban ni vendían la cudicia ni la pasión. Ricos fueron los romanos en tanto que supieron ser pobres: con su pobreza se enterró su honra. Dar valor al viento es mejor caudal en el príncipe que minas, cuando es mejor y más cerca ser Indias que buscarlas. ¡Cuántas almas inmensas satisfizo un ramo de roble y de laurel, que con toda la riqueza de Roma, dejándola empeñada, no quedaran ricas ni contentas! Tuvo aquel Senado crédito hasta que por las coronas y señales y flores dio paso a los ociosos, y hallose fallido luego que empezó a llenar bolsas y dejó de coronar sienes.

Texto

No faltó quién dijese que no decendió Marco Bruto de Junio, afirmando que no tuvo con él más parentesco que el del nombre.

Discurso

Cuando esto fuera verdad, ¿quien podrá negarle la consanguinidad del hecho? A muchos ha forzado la comunicación del propio nombre a las propias hazañas y al propio valor, porque hay almas tan generosas, que aun lo delgado del apellido no consienten que degenere en ellos de la gloria con que se les derivó de otros. En dedicar a Junio Bruto estatua mostraron los romanos su agradecimiento; y dieron a admirar su providencia en poner entre las estatuas de los reyes la de aquél que los desenterró de la ciudad y dejó su nombre reo. No quisieron quedar a deber nada al ejemplo ni al castigo. Pusieron en medio de los reyes al que hizo que el postrero fuese fin de los reyes. Este sitio fue docto; éste fue lugar y dotrina: no fue proporción de la geometría, sino estudio de la prudencia. En medio de seis reyes buenos pusieron al que en el séptimo malo acabó con la sucesión inocente de la majestad de los seis, para mostrar que un rey malo merece la deshonra para el mérito de seis buenos, y que seis reyes buenos no recompensan la tiranía de uno que es malo.

Texto

Los apasionados de Julio César, que discurrían con la venganza de su muerte, dijeron que Junio Bruto no dejó hijo alguno, y que Marco Bruto decendía de un despensero de Junio. Mas Posidonio, filósofo, cuenta que Junio tuvo tres hijos; que murieron los dos, y que vivió el tercero. Y afirma que en su tiempo vio decendientes de Junio que se parecían a la estatua, y que ella los legitimaba con el semblante.

Discurso

Yo juzgo que no importa probar que fue su pariente, cuando ninguno sabrá probar que no fue él mismo. El que por su virtud merece ser hijo de otro, no lo siendo, tiene mejor línea que el que lo es y no lo merece. Marco Bruto fue varón tan grande, que igualmente es alabanza para Junio ser antecesor de Marco, como a Marco ser su decendiente.

Texto

Fue su madre Servilia, que se derivaba de Servilio Ahala, el que dio muerte a Spurio Melio con un puñal que traía escondido debajo del brazo, porque maquinaba hacerse tirano, concitando a sedición y motín el pueblo. Era Servilia hermana de Catón Uticense, a quien Marco Bruto reverenció más por las heroicas virtudes suyas que por ser su tío.

Discurso

Cuando concedamos a los que por desaliñarle la casta le dan por padre al despensero de Junio Bruto, hallaremos que por cualquiera parte deciende de puñal vengador de la libertad de Roma, y que de los antecesores nobles suyos no solo heredó Marco Bruto la virtud, sino que la creció. Y si alguno tuvo vil, no solo disminuyó su bajeza, sino la ilustró. Aquél es heredero de su linaje, en cuyas obras se admiran los valientes, en cuyas palabras se oyen los sabios. El noble infame no es hijo de nadie, porque de quien no lo es no lo puede ser, y de quien lo es no lo sabe ser. El que solo es noble por la virtud de sus mayores, dé gracias a que los muertos no pueden desmentir a los vivos; que, cuando cita sus agüelos, si pudieran hablar, tantos mentises oyera como agüelos blasona. Más honra tienen los difuntos que soberbia los vivos que los quieren deshonrar. Si el despensero fue padre de Marco Bruto, las acciones de su hijo le desparecieron de su linaje. Y por otra parte fue tan dichoso, que tuvo hijo de quien no mereció ser padre; siendo así que el nacer no se escoge, y no es culpa nacer del ruin, sino imitarle; y es mayor culpa nacer del bueno y no imitarle, cuanto es peor echar a perder lo precioso que lo vil, pues parece antes justicia que vicio el despreciarlo.

Texto

Fue inclinado a los estudios de la filosofía, y en ellos fatigó con felicidad, y mereció grande aplauso de los griegos. Prefirió la dotrina del divino Platón a todas, y siguiola. No aprobó la nueva y media Academia, y agradose más de la antigua, y siempre entre todos los sabios reverenció a Antíoco Ascalonita. Fue Marco Bruto en la lengua latina bien acomodado al estilo militar y cortesano. En la griega, con dicha afectó la brevedad lacónica. Prueban esta sentenciosa concisión sus cartas, donde pocas palabras dan luz a grandes discursos, sin que el letor eche menos lo que falta, ni deje de leer lo que no está escrito. Lo poco en sus epístolas parece que sobra, y lo que sobrara en otro no parece que falta en él. Uso de las palabras como de la moneda; razonaba oro, y no metal bajo; valía una razón ciento: tantos quilates subía su lenguaje.

Discurso

Puede el hombre con ardimiento y con bondad ser valiente y virtuoso; mas faltándole el estudio, no sabrá ser virtuoso ni valiente. Mucho falta al que es lo uno y lo otro, si no lo sabe ser. La valentía mal empleada se queda en temeridad, y la virtud necia hace mal en el bien que no sabe hacer; y es a veces peor la virtud viciosa y la valentía desatinada que la cobardía cuerda y el vicio considerado, cuanto es mejor lo malo que se enmienda que lo bueno que se empeora. Poco se diferencian el hacer mal con lo bueno, por no saber hacer bien, y el aprovechar el malo con lo malo, porque sabe hacer bien y mal. Dificultoso parece que de la virtud, siendo santa, pueda hacer delito el mal ejercicio. El oro es precioso, y dado en moneda es merced, y disparado en bala es muerte; y sin perder lo precioso queda culpado. El que dijo que las virtudes consistían en medio, no consideró el medio de la Geometría, sino el de la Arismética, que resulta de lo bastante, entre lo falto y lo demasiado: de la manera que la religión está con majestad entre la herejía menguada y la superstición superflua. Contrarios de la virtud son quien la quita números y quien se los añade, como el número siete lo deja de ser bajando a cinco y creciendo a nueve. El conocer en Marco Bruto que era virtuoso y que sabía serlo, le encaminó para su riesgo los buenos y los malos que en su edad vivieron en Roma. Los unos le acompañaban, los otros le aventuraron. Era apacible al pueblo su vida, y a los padres agradable su conversación y el estilo de sus escritos, en que ni él se cansaba ni cansaba; al revés de muchos que ponen la elegancia en no empezar a decir ni acabar de hablar. Lo que más le autorizó el seso, es afianzarle en que aborrecía las novedades cuando aprobó la Academia antigua contra las opiniones modernas. Esto fue promesa de su puñal contra la nueva introducción del imperio de Julio César. Perdió el mundo el querer ser otro, y pierde a los hombres el querer ser diferentes de sí mismos. Es la novedad tan mal contenta de sí, que cuando se desagrada de lo que ha sido, se cansa de lo que es. Y para mantenerse en novedad, ha de continuarse en dejar de serlo, y el novelero tiene por vida muertes y fallecimientos perpetuos. Y es fuerza, y que deje de ser novelero, u que siempre tenga por ocupación el dejar de ser.

Texto

Siendo mancebo, acompañó a su tío Catón, que fue inviado a Chipre contra Ptolomeo, habiendo Ptolomeo dádose muerte antes que llegase. Fue forzoso a Catón detenerse en Rodas; por esto invió a Canidio, su amigo, a Chipre a que guardase el tesoro; mas temiendo que éste no le contaría con manos abstinentes, escribió a Bruto que con toda diligencia se embarcase en Panfilia y fuese a Chipre, donde la cudicia de Canidio tuviese en su templanza estorbo honesto. Bruto obedeció al tío, aunque con desabrimiento, por juzgar la comisión forastera de sus estudios y de su inclinación, pues iba a ser sospecha de la legalidad de Canidio. Disimuló con apariencias creíbles la nota que le traía con su llegada. Y para excusarle la emienda, que le pudiera en la acusación ser culpa, le estorbó la culpa con la atención; y con grande alabanza de Catón, y sin nota de Canidio, no dejando verificar la sospecha, juntó el oro y plata, que en grande número fue llevado a Roma.

Discurso

Entonces las repúblicas se administran bien cuando invían ministros a las provincias distantes, que procuran antes estorbar los robos que castigar los que roban. Más hurtos padecen los príncipes en el castigo de los hurtos por algunos jueces, que en los hurtos por los ladrones. Quien estorba que no hurte su ministro, guarda su ministro y su hacienda. Quien le deja hurtar, pierde su hacienda y su ministro. Aquellos pecados se cometen más, que más veces se castigan; por eso el ahorrar castigos es ahorrar pecados. Pocas veces deja de defenderse el que roba, con lo propio que roba. Siempre los delincuentes fueron alegrón y hacienda de los malos jueces: por esto los buscan, para hallarlos, no para corregirlos. No quiso Catón que Canidio pudiese hurtar; no le dejó Bruto que hurtase; quedó Roma deudora a los dos de lo que era suyo dos veces: la una porque se lo dieran, la otra porque no se lo dejaron quitar. Las monarquías se descabalan del número de sus reinos cuando a gobernarlos invían ministros que vuelven opulentos con los triunfos de la paz. Confieso que esto es empezarse a caer; mas, como empiezan a caerse por los cimientos, juntamente es acabarse de caer. Pocas leyes saben convencer de delincuente al que hurta con consideración. Consideración llamo hurtar tanto que, habiendo para satisfacer al que invidia, y para acallar al que acusa, y para inclinar al que juzga, sobre mucho para el delincuente que hurtó para todos. De aquél tiene noticia la horca, que hurtó tan poco, que antes de la sentencia faltó qué le pudiesen hurtar.

Texto

Después que con las armas de Pompeyo y César y con los tumultos del Imperio fue amotinada la paz de la república, Bruto se inclinó a la facción juliana, porque su padre había sido muerto por Pompeyo; mas, considerando después que era obligado antes a asistir a la razón de su patria que a la suya, y juzgando por más honesta la causa de tomar las armas en Pompeyo que en César, se llegó a Pompeyo, si bien antes, cuando le vía, no le saludaba, teniendo por maldad impía comunicar, aun con la cortesía, al matador de su padre. Empero por entonces se sujetó a él, como capitán de su patria y defensor del bien y libertad pública, y con Sestio, que iba por gobernador a Cicilia, fue por legado; y no hallando allí alguna obra preclara en que ejercitarse, estando César y Pompeyo presentándose la batalla, peleando por la majestad del mundo, a la confederación del peligro vino a Macedonia; a quien Pompeyo recibió con grandes demostraciones de estimación y alegría, levantándose a abrazarle, de su asiento, prefiriéndole en el agasajo a todos los grandes capitanes que le asistían.

Discurso

Ésta de Marco Bruto fue acción fiscal contra todos aquellos que prefieren el interés propio a la utilidad común. Era Pompeyo enemigo suyo por causa tan justificada como haberle muerto a su padre. Era Pompeyo entonces padre de su patria: acudió Bruto al parentesco universal, y apartose del propio; mas no sin cumplir con él. No hacía cortesía a la persona de Pompeyo; mas reverenciaba su oficio, aprobaba su intento y seguía sus armas. Fue tan buen hijo de su patria, como de su padre. El que es cumplidamente bueno, con todo cumple bien. Era enemigo de la persona de Pompeyo, y no de su oficio. Si se juntara a César, fuera buen hijo y mal ciudadano. Juntándose a Pompeyo, fue buen ciudadano y dos veces buen hijo. Aquel hombre que pierde la honra por el negocio, pierde el negocio y la honra. Infinitas vitorias ha dado a los enemigos el interés de los propios. Ningún contrario tienen contra sí los príncipes tan grande como el propio vasallo que quiere más la vitoria para el enemigo que para su general, movido de invidia de su acierto. Observación es más verdadera que convenía lo fuese en los consejos de guerra, porque no se logre la cordura experimentada del que bien propone, votar los más en favor del adversario. ¡Oh alevosa maldad, que quiera más el ignorante perderse que seguir el parecer del que le salva! Aquel monarca que de sus consultas elige por bueno lo que votaron los más, es esclavo de la multitud, debiendo serlo de la razón. Si el príncipe no sabe por muchos, muchos son los que le engañan; pues quien juzga por lo que oye, y no por lo que entiende, es oreja y no juez. Marco Bruto siguió al que mató a su padre, y dejó al que pretendía acabar con su madre Roma. Al uno mató, y al otro hizo matar (como veremos), sin pecar contra el bien común ni olvidarse del particular. Fue a Cilicia, y no hallando ocasión generosa en que merecer se fue a buscar en el campo de Pompeyo el último peligro en la batalla de Farsalia. Marco Bruto, por haber servido en Chipre y enriquecido a Roma con el tesoro de Ptolomeo, y por haber servido en Cilicia en esta legacía, no pidió al Senado merced alguna. Él, buscando el peligro en la batalla que necesitaba dél, se dio lo que deseaba y se ahorró la molestia del pedir. Tienen acabado y mendigo el mundo, no los premios que se piden por los servicios sino los premios que se piden por los premios. Infame modo de enriquecer han hallado los facinorosos: pedir que les den porque pidieron, y luego piden que les den porque les dieron. La causa desta maldad está en que los cudiciosos piden que les den algo a los que lo toman todo para sí. Por esto los unos pueden pedir y los otros no pueden negar. A todas las partes que fue Marco Bruto, fue inviado sin su ruego ni su pretensión. Verres estuvo en Cilicia hasta que toda Cilicia estuvo en Verres. Volviose Verres a Roma: quedó Cilicia sin Verres; mas no se vino Verres sin Cilicia. Marco Bruto entró en Cilicia; Cilicia no entró en Marco Bruto: halló en la riqueza suya lo que despreciaba, y en su paz lo que no pretendía. Aquél que se estuvo y se enriqueció, había menester a Cilicia; Cilicia había menester a éste, que se vino a Macedonia ofreciéndose al riesgo.

Texto

En el ejército, Marco Bruto, fuera del estudio y la lición, solo gastaba las horas que forzosamente asistía a Pompeyo. Y no solo se ocupó en escribir y leer en el tiempo desocupado; mas, siendo la sazón más ardiente del verano, en el más encendido crecimiento del día, cuando en la guerra farsálica, estando impedidos los escuadrones en lagunas y pantanos, fatigado de la hambre y de la siesta, por no haberle sus criados traído la tienda ni el refresco; y cuando todos (por haberse de dar la batalla a otro día) estaban o temerosos del suceso o solícitos de su mejor defensa, Marco Bruto toda la noche gastó en escribir un compendio de Polibio, ilustrado con sus advertencias.

Discurso

En los más ilustres y gloriosos capitanes y emperadores del mundo, el estudio y la guerra han conservado la vecindad, y la arte militar se ha confederado con la lición. No ha desdeñado en tales ánimos la espada a la pluma. Docto símbolo desta verdad es la saeta; con la pluma vuela el hierro que ha de herir. Por muchos sean ejemplo Alejandro el Grande y Julio César. Alejandro, oyendo la Ilíada, de Homero, se armaba el ánimo y el corazón. Sabía que sin esta defensa, en el cuerpo la loriga y el escudo y la celada eran peso molesto y una confisión resplandeciente y grabada del temor del espíritu. Cuerpo que no le arma su corazón, las armas le esconden; mas no le arman. Quien va desnudo de sí y armado de hierro, es hombre con armas, cuando ellas son armas sin hombre. Si vive, es por ignorado; si muere, es por impedido; pues si no huye, es de embarazo y no de cobarde; y destos mueren más con sus armas que con las de los enemigos. Fácilmente los conoce la muerte en las batallas, y con elección justiciera los halla entre los aventurados y generosos. Muchas veces fue herido Alejandro desarmado, donde infinitos de los suyos eran muertos debajo de sus armas. Julio César peleaba y escribía: esto es hacer y decir. En igual precio tuvo su estudio y su vida. Nadando con un brazo, sacó sus Comentarios en el otro. No los juzgó por menos vida que su vida. Rigurosa imitación de los dos fue Marco Bruto, pues en la grande batalla de Farsalia escogió por armería el estudio. Habíase de mezclar el día siguiente en un riesgo tan sangriento; y cuando todos se prevenían de defensa o consideraban los peligros, él comentaba y leía a Polibio. Aplauso debido a tan grande y singular escritor, en cuya historia es eficaz el ejemplo, y verdadero el escarmiento provechoso y la sentencia viva y elegante. Armábase de noticias y de sucesos, y preveníase en lo pasado para lo porvenir. La batalla farsálica solo le ocupó el pensamiento de que debía hallarse en ella por la libertad de su patria. No pensó lo que en ella le podía acontecer: estudió lo que debía obrar. Considerar los peligros es prudencia de cobardes, habiendo de entrar en ellos; y también muchas veces es cobardía de valientes. El general ha de ser considerado, y el soldado obediente. Muchos vencimientos ha ocasionado la consideración, y muchas vitorias ha dado la temeridad. No apruebo los temerarios, ni condeno los cuerdos: digo quiénes son los que deben ser lo uno o lo otro, y enseño el peligro desta virtud y el logro de aquel vicio. El ánimo que piensa en lo que puede temer, empieza a temer en lo que empieza a pensar. Y muchas veces a sí mismo se persuade el miedo, y se le hace el discurso receloso, porque no hay quien no se crea a sí mismo. Y es blasón grande del temor, siendo tan ruin, hacer de nada algo y de poco mucho. Crece las cosas sin añadirlas, y su arismética cuenta lo que no hay. Es el testigo falso más pernicioso del mundo; porque, siendo falsario de ojos, ve lo que no mira.

Texto
Afirman que el día de la batalla en Farsalia, sabiendo que en ella defendía la parte de Pompeyo Marco Bruto, tuvo César tan grande cuidado de su persona, que mandó a sus capitanes, en lo más sangriento della, que no matasen a Bruto, sino que le perdonasen; y que si él se rindiese, se le trajesen; y que si combatiendo les hiciese resistencia, le dejasen y no le hiciesen fuerza. Afirman que hizo esta apasionada demostración César con Marco Bruto por el amor que tenía a Servilia, su madre, de quien en un tiempo estuvo muy enamorado; y porque en lo más apretado destos amores y trato nació Marco Bruto, Julio César se persuadió era hijo suyo.

Discurso
Estaba la muerte de César destinada en la mano de Marco Bruto, y pone César todo su cuidado en guardar su muerte,

y en traer y acercar a sí a quien le ha de matar. Esta ceguedad de solicitarse la propia ruina, fue en César grande, mas no única: imitó a muchos, y es y será imitada de muchos. ¿Qué otra cosa vemos sino hombres ocupados en negociar su propio castigo y su misma desolación? ¡Oh descaminados y contumaces deseos de los hombres, que por el contagio de la culpa os procuráis la pena! Si la piedad del gran Dios no contradijera nuestra propia pretensión, solo concediendo los arbitrios a nuestros deseos nos castigara. ¡A cuántos, permitiéndoles el Señor de todo la riqueza que le piden, les quitó el sueño y la quietud que tenían, y les dio invidiosos y ladrones! ¡Cuántos le importunaron por dignidades y honras, a quien invió con ellas el despeñadero y la afrenta! ¿Qué mujer no le pide con vehemente ruego la hermosura, sin ver que en ella consigue el riesgo de la honestidad y la dolencia de su reputación? ¿Qué mancebo no desea gentileza y donaire, y con ella adquiere el aparato para adúltero, y los méritos para deshonesto? Si el hombre más presumido de su acierto, a ruego de su conciencia, paseara alguna vez la verdad por los tránsitos de su vida y por los claustros de su espíritu, hallará que ha sido ruina de su alma cuanto por sí ha fabricado en ella, y contará en su salud tantos portillos como edificios. No sabe desear, y arrojarse a pedir, es delito espiritual; es necedad humana. Bien acierta quien sospecha que siempre yerra. Quien para los negocios con Dios recusa sus deseos, sabe contestar la demanda ajustada a la ley de Dios, que es por la que se juzga. Y como una ley sola resume los derechos del cielo, no padece equivocaciones ni consiente trampas. Todas las luces apagó Julio César a su salud: tuvo sin ojos el deseo, desvelose en guardar su propia muerte, en traer a sí su homicida; y como determinaba a oscuras, no vio la enemistad de Marco Bruto en la amistad que tenía con su enemigo Pompeyo. Si queremos hallar la causa deste desatino de Julio César, a pocos pasos hallaremos que fue su pecado. Tenía César a Bruto por hijo suyo, y juzgábalo así por haber nacido en el tiempo que con más pasión y más encendidas finezas gozaba de Servilia, su madre. Parentescos por línea del pecado y del adulterio, la sangre que prueban es la que derraman. Las mujeres son artífices y oficinas de la vida, y ocasiones y causas de la muerte. Hanse de tratar como el fuego, pues ellas nos tratan como el fuego. Son nuestro calor, no se puede negar; son nuestro abrigo; son hermosas y resplandecientes: vistas, alegran las casas y las ciudades; mas guárdense con peligro, porque encienden cualquier cosa que se les llega; abrasan a lo que se juntan, consumen cualquier espíritu de que se apoderan, tienen luz y humo con que hacen llorar su propio resplandor. Quien no las tiene, está a oscuras; quien las tiene, está a riesgo; no se remedian con lo mucho ni con lo poco: al fuego poca agua le enciende, mas mucha le ahoga luego; fácilmente se tiene, y fácilmente se pierde. La comparación propia me excusa el verificarlas; porque fuego y mujer son tan uno, que no los trueca los nombres quien al fuego llama mujer, y a la mujer fuego. La ceniza de Julio César dice bien esto entre las brasas de Servilia, que en una centella que invió con él después de tantos días, le dejó en las entrañas abrigado el incendio, y disimulada en amor paternal la hoguera.

Texto

Vencido Pompeyo en Farsalia, y roto su ejército, se retiró al mar; y en tanto que los cesarianos saqueaban los reales, Marco Bruto, por una puerta secretamente, se retiró a un lugar pantanoso, impedido con grandes lagunas, a quien escondían altos y espesos cañaverales. Desde aquí, asegurado con la oscuridad de la noche, se huyó a Larisa, y desde allí escribió a César, quien, alegrándose de saber hubiese escapado sin herida, le mandó se viniese con él. Vino Marco Bruto, y no solo le perdonó a él, antes le prefirió en honra a todos sus amigos y capitanes. Y como nadie supiese conjeturar a qué parte del mundo hubiese retirádose Pompeyo, apartándose con Marco Bruto César, le movió la plática para oír lo que sentía de la fuga de Pompeyo; de cuyas razones y discurso coligió era cierto haberse retirado a Egipto, como se retiró, y adonde Julio César le halló, siguiendo el parecer de Marco Bruto; que por esto y las causas de amor referidas tuvo tanta autoridad con César, que reconcilió con él a Casio y al rey de África, aunque tenía muy ofendido a César. Yo creo que este rey fue Juba, y no Deiotaro; y orando por él, le amparó en grande parte de su reino. Cuéntase que, oyendo la oración César dijo a sus amigos: Este mozo no sé lo que quiere, pero lo que quiere lo quiere con vehemencia.

Discurso

Juvenal (autor, cuanto permitió el cielo en la gentilidad, bien hablado en el estilo de la providencia de Dios), cuando refiere que muchos días antes que se perdiese el gran Pompeyo en esta batalla, estuvo en Campania de unas calenturas ardientes muy al cabo; ponderando la ceguedad de los ruegos de los hombres que por su salud hicieron votos y sacrificios a los dioses, pidiendo vida a quien, si allí muriera, sobraran sepolturas con título de invencible, dice estas palabras, llenas de elegancia religiosa, llorando la vida que tuvo: *Provida Pompeio dederat Campania febres Optandas; sed multae urbes, et publica vota Vicerunt.* «Diole Campania calenturas que debiera haber deseado; mas vencieron los ruegos de las ciudades y los votos públicos.» Ruegos que con piedad necia le solicitaron salud invidiosa de su honra. ¡Oh cuánta noche habitan nuestros deseos! ¡Cuánta sangre y sudor nuestro borra las sendas que camina nuestra imaginación! ¡Qué pocos caben contar entre las dádivas de Dios la brevedad de la vida! Alargose en Pompeyo para tener tiempo de rodear de calamidades su postrera hora. Perdió en Farsalia el ejército, y a la libertad de Roma la esperanza: encomendó su salud a la huida. Marco Bruto se aseguró del cuchillo de los vencedores en unos pantanos; y fiando de la noche su temor, se fue a Larisa. Marco Bruto escribió a César; César le llamó a su real, le acarició, y con gozo extraordinario a su ruego perdonó a Casio. ¡Qué cosa no hace confederación con la desdicha del ambicioso! Su propia vitoria le arrimó a César los homicidas. Supo César perdonar, y no supo perdonarse. Los tiranos son tan malos, que las virtudes son su riesgo. Si prosiguen en la violencia, se despeñan, si se reportan, los despeñan; de tal condición es su iniquidad, que la obstinación los edifica, y la emienda los arruina. Su medicina se cierra en este aforismo: O no empezar a ser tirano, o no acabar de serlo; porque es más ejecutivo el desprecio que el temor. Y aquél se alienta en la mudanza que hace el cruel que se templa; y éste crece en la porfía del que multiplicaba su crueldad. Confieso que éste acabará peor, pero no tan presto; y así el pertinaz consigue la duración, interés a que trueca la alma. No sabía César a qué parte del mundo se había retirado Pompeyo. Apartose con Bruto, preguntole su parecer y él dio tanta verisimilitud a su conjetura, que la persuadió a seguirle en Egipto, donde le alcanzó, y recibió de Ptolomeo la cabeza de Pompeyo el Grande por caricia de su llegada. En poder de los ruines y desagradecidos no duran más los buenos de hasta tanto que puede ser su fin lisonja de otros peores. El bueno que en poder del malo está seguro, puede ser bueno, mas no entendido. Guárdale para sacrificio con nombre de ejemplo. Los ministros y príncipes facinorosos buscan la virtud más calificada para tener que profanar en servicio de los que han menester.

Y con ser invención antigua, cada siglo parece que empieza: no lo encareciera en decir que cada día. Tan grande virtud como riesgo es ser bueno entre los malos. Y el mayor mérito para con los malos es ser entre los malos el peor. Y el que lo sabe ser y quiere medrar, por asegurarse de solo malo, trabaja en probar que los otros malos son buenos, pues igualmente se cree en ellos virtud y se tiene sospecha. Debía Ptolomeo a Pompeyo su reino en su padre; y cuando se vino perdido a cobrar agradecimiento tan justo, trujo a propósito del tirano los beneficios que le había hecho, para que, violándolos, diese más precio a su traición en los ojos de su enemigo, a quien granjeó con su cabeza. Peor fue César que Ptolomeo, pues matándole no castigó la infame confianza que le sería agradable tan fea abominación. Prodigioso fue este suceso, pues osó firmar que el malo pudo ser bueno imitando al malo. Ni se puede negar que César fuera justiciero en quitar a Ptolomeo el reino y la cabeza, porque había quitado la cabeza a Pompeyo. Mas ya que César no tuvo virtud ni valor para esto, tuvo vergüenza de mostrar alegría de la muerte de tan valiente enemigo. Y cuando se querían reír, mandó a sus ojos que llorasen, y con llanto hipócrita y lágrimas mandadas disimuló el gozo y desmintió el miedo. Lícito es temer al enemigo para no despreciarle; mas temerle para solo temerle, es infamia que aun en la cobardía de las mujeres halla honra que se le resiste. El valiente tiene miedo del contrario; el cobarde tiene miedo de su propio temor. De aquí le nace no tener la seguridad en otra cosa sino en la muerte de su muerte, cuando no hay enemigo que no tenga quien solo se defiende con el mal suceso del que se le opone. Plutarco, en la Vida de Foción, sumo filósofo y general invencible, dice que, estando Atenas en la postrera ruina por las armas de Filipo, rey de Macedonia, llegó nueva que Filipo era muerto; y como los viles y abatidos consultasen que por la muerte de tan grande enemigo se hiciesen a los dioses sacrificios públicos, alegrías y juegos, Foción, ásperamente, lo estorbó, diciendo era señal de ánimo cobarde y confisión vergonzosa del temor rústico de la república hacer fiestas por la muerte de su enemigo, y reprehendió con unos versos de Homero a Demóstenes, porque habló mal de Alejandro su hijo de Filipo. Según esto, siendo dicha que muera el enemigo, como es forzosa la alegría, es honesta la disimulación della; porque solo son artífices de hechos grandes corazón confiado y razón desconfiada. La burla que hicieron en Milán de la mujer de Federico Barbarroja, le ocasionó a no dejar piedra sobre piedra en Milán, y a desquitar con la sangre de todos la maldad de algunos infamemente regocijados en el desprecio del enemigo ausente. Manchada parece que está con fealdad la honra y la virtud de Marco Bruto en haber aconsejado a César el camino por donde con certeza alcanzase a Pompeyo, cuyo soldado había sido el día antes, a quien, por la libertad de la patria con elección leal se sujetó, obedeciéndole por general. Facciones tiene esta acción de alevosa y vil. No se deben juzgar con prisa las acciones del virtuoso, docto y valiente, partes que en eminente grado resplandecieron en Marco Bruto. Esta consideración me detuvo el juicio precipitado en la mala vislumbre de traición que contra su general le acusaba de chismoso. ¡Oh cuán sólidamente obra quien es sólidamente bueno! Donde se mostró misterioso, pareció culpado a la vista de los mal contentos de las obras ajenas. Esta misma acusación hacen los ojos con nubes al cristal que miran, diciendo: Está oscuro; y llaman defeto del objeto el de la potencia. Lo que no pueden ver bien, dicen que ven malo, y la ceguera propia llaman mancha ajena. Marco Bruto, en tanto que Pompeyo en Roma era persona particular, no le saludaba ni hacía cortesía, acordándose que había hecho matar a su padre. Cuando Pompeyo se encargó del ejército romano para defender la libertad pública, suspendió el odio propio por asistir a la defensa común y universal, y se escribió soldado de Pompeyo. Peleó en la guerra de Farsalia con él, porque defendía a su patria. Perdió Pompeyo la batalla, y huyose. Luego que Marco Bruto vio que Pompeyo con la fuga solo se defendía a sí, por la memoria de la muerte de su padre trató de vengarla en Pompeyo, que la causó; por lo cual supo con alabanza asistir a su madre Roma y defenderla, y vengar sin delito a su padre muerto. Púsole en las manos de César, que sabía no se aseguraría dél menos que con su muerte: no porque el valor de Julio César temía la persona y armas de Pompeyo, sino el pretexto y razón de sus armas. No había entonces la ley evangélica mandando amar los enemigos, preceto sumamente santo, eternamente seguro y humanamente descansado, solo difícil de persuadir a la bestialidad de la ira. Hoy nos es mandato, y los más (por nuestros pecados) le obedecemos al revés. Oímos los gritos que nos exhortan a amar a nuestros enemigos: habían de obedecerse en amar los del cuerpo, y obedecémoslos en amar los del alma. En los malos, que son muchos, ¿qué otra cosa se ama que el mundo? ¿En qué otra cosa se agota la afición que en la carne y en el demonio? Disculpámonos nosotros, enseñados por la verdad, y acusamos a los gentiles sin luz, que, guardando el decoro a la virtud moral y política, se vengaron de ofensas en su religión irremisibles, en la cual el darse muerte a sí mismos era acción heroica y se vio premiada con estatuas y aras. No hay fiar en vitorias: si César no venciera esta batalla, no arrimara a su corazón en su lado los puñales de Bruto y de Casio. Menos se ha de fiar en socorros y confederaciones. Si Pompeyo no fuera asistido de Marco Bruto (cosa que estimó tanto), no trajera a sí la espía de su retirada para su muerte. Una cosa es tener y alcanzar vitorias, otra lograrlas. Es hazaña de la providencia de Dios el vencer con sus propias vitorias a los vencedores; porque es peor no saber vencer, que ser vencido. Dios para su castigo no necesita de confederar su justicia con la calamidad del delincuente. Da riquezas para empobrecer, da vitorias para rendir, da honras para desautorizar. Y por el contrario, autoriza con el desprecio, hace vitoriosos con la pérdida, y con la pobreza ricos. Parte desto sin respuesta se ha verificado en Bruto, en Pompeyo y en César; y en esta vida y en estas muertes se verificará todo.

Texto

Habiendo de pasar César a África contra Catón y Scipión, dejó a Bruto en la Galia Cisalpina por buena dicha de aquella provincia; porque, como las otras provincias, por la avaricia y lujuria de los gobernadores, estuviesen peor tratadas de la insolencia de la paz que pudieran estarlo del furor del la guerra, esta sola provincia, en la virtud, religión y templanza de Marco Bruto restaurada de los robos de sus antecesores, respiraba gozosa y abundante. Y en virtud deste buen gobierno, Marco Bruto hizo a César amable de todos los que primero le aborrecían. Por lo cual, volviendo César a Italia por las ciudades que habían gozado el gobierno de Bruto, cobró el agradecimiento de tal ministro en aclamaciones gloriosas de todos, que con el reconocimiento de Bruto le fueron aplauso magnífico.

Discurso

El buen gobernador, que sucede en una ciudad o provincia a otro que lo fue malo, es bueno y dichoso porque, siendo bueno, sucede a otro que le hace mejor. El que gobierna bien la ciudad que otro gobernó mal, la gobierna y la restaura. Débesele la constancia en no imitar al que le precedió, y atajar la consecuencia al escándalo, y acreditar la imitación al ejemplo. Fue la virtud y el desinterés de Marco Bruto quien solamente hizo que los pueblos, olvidando el aborrecimiento que le tenían por tirano, le amasen como príncipe. Justamente se deben a los reyes las alabanzas de los buenos ministros, pues justamente padecen las quejas que ocasionan los que son malos. Por esto deben considerar, cuando eligen gobernadores, que en diferentes personas se eligen a sí mismos. Esclarecido y digno maestro de los monarcas es el Sol: con resplandeciente dotrina los enseña su oficio cada día, y bien clara se la da a leer escrita con estrellas. Entre las cosas de que se compone la república de la naturaleza, espléndida sobre todas es la majestad del Sol. La matemática astrológica, ciencia que le ha escudriñado las acciones y espiado los pasos, demuestra que, sin violentar su curso, obedece en contrario movimiento el del rapto. No se desdeña de obedecer en algo quien todo lo ilustra y lo cría; y con tal manera se gobierna, que ni del todo obedece, ni con soberbia se resiste. Y pues ninguno es tan grande como el Sol, ni tiene tantas cosas a su cargo, para acertar deben imitarle todos. Han de ir, como él, por donde conviene; mas no siempre han de ir por donde empezaron ni por donde quieren. Empero esta obediencia y este albedrío no se ha de conocer sino en la concordia de su gobierno. No se ve cosa en el Sol que no sea real. Es vigilante, alto, infatigable, solícito, puntual, dadivoso, desinteresado y único. Es príncipe bienquisto de la naturaleza, porque siempre está enriqueciéndola y renovándola de los elementos vasallos suyos: si algo saca, es para volvérselo mejorado y con logro. Saca nieblas y vapores, y restitúyelas en lluvias que fecundan la tierra. Recibe lo que le dan, para dar más y mejor lo que recibe. No da a nadie parte en su oficio. Con la fábula de Faetón enseñó que a su propio hijo no le fue lícito, pues fue despeñado y convertido en cenizas. Fábula fue Faetón; mas verdad será quien le imitare: cosa tan indigna, que no pudo ser verdad en el Sol, y lo puede ser en los hombres. Finja la fábula que fue de manera que atemorice, para que no sea. También mintieron que el Sol se enamoró de Dafne, que se volvió en laurel, para enseñar que los amores de los reyes han de ser aureados más que agradecidos, y no quejosos han de premiar la honestidad que huye dellos. El secreto del gobierno del Sol es inescrutable. Todo lo hace; todos ven que lo hace todo; venlo hecho, y nadie lo ve hacer. No carecen de dotrina política sus eclipses. En ellos se aprende cuán perniciosa cosa es que el ministro se junte con su señor en un propio grado, y cuánto quita a todos quien se le pone delante. Liciones son éstas en traje de meteoros. Es el Sol sumamente llano y comunicable: ningún lugar desdeña. Mandole el gran Dios que naciese sobre los buenos y los malos. Con un propio calor hace diferentes efetos; porque, como grande gobernador, se ajusta a las disposiciones que halla. Cuando derrite la cera, endurece el barro. Tanto se ocupa en asistir a la producción de la ortiga como a la de la rosa. Ni a intercesión de las plantas trueca los frutos. Y con ser excesivamente al parecer tratable, es inmensamente severo. Él da luz a los ojos para que lo vean todo; y juntamente con la propia luz, no consiente que le vean los ojos; quiere ser gozado de los suyos, no registrado. En esto consiste toda la dignidad de los príncipes. Y para que conozcan los reyes cuán temeroso y ejecutivo riesgo es el levantar a grande altura los bajos y los ruines, apréndanlo en el Sol, que solo se anubla y se anochece cuando alza más a sí los vapores humildes y bajos de la tierra, que, en viéndose en aquella altura, se cuajan en nubes y le desfiguran. Mas en la cosa que más importa a los monarcas imitar al Sol, es en los ministros que tiene, en quien se sostituye. Delante del Sol ningún ministro suyo aparece ni luce; no porque los deshace, que fuera crueldad o liviandad, sino porque los desparece en el exceso de luz, que es soberanía. La luz que les da no se la quita cuando los esconde, sino se la excede. No crecen sino de lo que él les da: por eso menguan los ministros muchas veces, y el Sol ninguna. Y en el señor que los ministros crecieren de la que toman del señor y de los súbditos, las menguantes se verán en él y no en los ministros. Es eterna, digo perpetua, la monarquía del Sol, porque en su estilo, desde que nació al mundo, ningún siglo le ha acusado novedad. Es verdad que llamarán novedad pararse en Josué, volver atrás en Achab, eclipsarse en la muerte de Cristo. Novedades milagrosas permitidas son a los reyes. Pararse para que venza el capitán que pelea, volver atrás porque se emiende y anime el afligido, oscurecerse con el sentimiento de la mayor maldad: son novedades y diligencias dignas de imitación, como, las que no son desta casta, de aborrecimiento. Esta postrera parte de los ministros estudió Julio César en el Sol, cuando eligió a Marco Bruto por gobernador de la Galia Cisalpina; pues, contra el robo de los que le precedieron, solo recibió de su príncipe la honra. Y cuando volvió a Italia por donde gobernaba, dejándole todo el amor y aclamaciones, se oscureció delante dél en su luz, no con su despojo.

Texto

Era Marco Bruto cuñado de Casio, por estar Casio casado con Junia, hermana de Bruto. Debía Casio a Bruto el estar en la gracia de César; y en medio del deudo y amistad tan grande, vinieron a enemistarse por la pretura que llamaban urbana, que entre todas era la mayor. Hubo quien dijese que el propio César mañosamente había mezclado esta discordia entre los dos secretamente, dando a entrambos esperanzas de alcanzarla. Marco Bruto oponía, a las gloriosas hazañas que Casio había obrado con los partos, su nobleza y su virtud.

Por esta diferencia estuvieron los dos cerca de venir a las manos. Súpolo César, y determinó la causa, diciendo: «Más justa es la pretensión de Casio; empero lo mejor se ha de dar a Bruto». Hízolo así, y dio a Casio otra pretura, el cual no quedó tan agradecido de la que le dio como quejoso de la que no le había dado. Y no solo en esto fue Bruto dueño de la voluntad de César, sino que si fuera ambicioso, en todo lo fuera, y mandara el Imperio. Mas la familiaridad con Casio le estragaba el amor que a César debía tener; porque si bien no estaba reconciliado con Casio, oía los consejos de sus amigos, que le instigaban diciéndole que no se dejase llevar de las caricias del tirano, ni envilecer y comprar de sus beneficios; que antes debía irse retirando de su familiaridad y trato, porque era cierto le honraba, no para premiar sus virtudes, sino antes para distraerlas y infamarlas. Y de verdad César no se aseguraba de todo punto de Marco Bruto, pues aunque se persuadía que por sus buenas costumbres le sería agradecido, recelaba con todo, la grandeza de su espíritu, el séquito de sus letras, el valor de su persona y la autoridad numerosa de sus amigos.

Discurso

Muchas veces el parentesco ocasiona lo que debía estorbar: dígolo más claro. El ser hermanos, primos y cuñados, padres y hijos, sirve más veces de disculpa de dejarlo de ser, que de razón para serlo. Oiga cada uno a su parentela, y ella me servirá de comento. Afirmo que la sangre y afinidad es pretexto, y no deudo. Los privados de los reyes nada han de tener más lejos de sí que a los que les tocan más cerca, por dos causas: la primera, porque el príncipe se fía de los tales como de personas que son de tan estrecha obligación y deudo con su valido; y pareciéndole que el día que él se los puso al lado pretendió esto, los adelanta sin sospecha de darle celos, y así se acostumbra a otros y se divide: grandes inconvenientes para conservar la voluntad humana granjeada; y cuando empieza a recelarse, halla que ha menester defenderse. La segunda, si no es mayor, no es menos peligrosa, pues los parientes del poderoso, en el puesto que él les da, para no cumplir con la obligación en que los pone, dicen que él cumple con la que tiene: ahórranse el agradecimiento, llaman la ingratitud lisonja, persuádense que todo lo tienen merecido, pretenden con presunción y atrévense a dar qué sospechar, solo porque no deben ser tenidos por sospechosos. Al fin son enfermedad en la sangre, que si no se saca, no se cura. Es de tal condición esta verdad, que tratarla en confuso es nombrar ejemplos. Así le sucedió a Marco Bruto con su cuñado Casio, que en reducirle a la gracia de César y ponerle a su lado, se acreditó un competidor. Hacer bien a otro sin hacerse mal a sí, blasón es de Dios: no por esto pongo dificultad en el hacer bien, sino cuidado: digo que se haga y que se mire a quién se hace. El Espíritu Santo lo aconseja así en los «Proverbios»: Si bene feceris, scito cui feceris, et erit gratia multa in bonis fuis. «Si hicieres bien, mira a quién lo haces, y alcanzarás mucha gracia en tus bienes.» Según esto, mal sano queda nuestro proverbio español que dice: «Haz bien, y no mires a quién». Tampoco digo que no se ha de hacer bien a todos, a los buenos y a los malos, a los amigos y a los enemigos; a los buenos, porque lo merecen; a los malos, para que lo merezcan; a los amigos, porque lo son; a los enemigos, porque no lo sean. Ciérrase en esto un escondido y alto misterio de la caridad, y una bien avisada avaricia política. Dije que, debiéndose hacer bien a todos, se mire a quién se hace. Hacer bien es poner en honra; y hay quien solo aguardó a verse en ella para ser ruin. Y como no se puede negar que el que dio la honra hizo bien, tampoco se podrá negar que al que se la dio le hizo mal, si con ella le hizo ruin. Por eso se ha de mirar a quién se hace bien; porque haber quien con el bien se hace malo, siempre se ha visto, y quien con el mal se hace bueno, muchas veces se ve. Si Julio César mirara a quién hacía bien en Bruto y en Casio, no les diera ocasión de ser homicidas de quien los hizo el bien. Y si Marco Bruto mirara por quién intercedía cuando hizo que a Casio su cuñado le perdonase César, no le hiciera el mal de ocasionarle la ingratitud. Según esto, el cuidado entero y solo toca al que hace bien; porque en el que hace mal, se reparte en el que le hace y le recibe. Excluyó toda presunción, amenazó toda la liberalidad necia. Si a Dios, luego que criando al hombre y haciéndole bueno y bien, y dándole bienes, le pagó mal; y si Dios y hombre fue pagado de la misma suerte, teman todos, no para dejar de hacer bien, sino para saber hacer bien, sin hacer con el bien mal y malos; que es más acierto no hacer mal al bien en el malo, que hacer peor al malo con el bien. Conócese que César temía ya a cada uno de por sí, y mucho más la amistad y el parentesco que tenían, pues dando esperanzas para pretender la pretura urbana a cada uno en secreto, los dividió con enemistad ambiciosa. Más fácil fuera no juntarlos que dividirlos: pudo hacer lo primero, y no lo segundo. Aquel está mortal, en quien es tan peligroso el remedio como la dolencia. Necesitaba César de la autoridad destos hombres; hallábase aventurado entre ellos; quería tenerlos por amigos a ambos, y conveníale que ellos fuesen entre sí enemigos; trazolo con maña, no con dicha. Y para tenerlos él y que el uno echase al otro, los puso en paz y en guerra con unas mismas mercedes; pues confesando que merecía la pretura urbana con más razón Casio, y dándosela a Bruto, dejó a Bruto quejoso, con la pretura que le dio, de la razón que le negaba; y a Casio, a quien dio otra pretura, de la urbana, que negaba a su razón. Con nada contentan los príncipes, porque todos se juzgan igualmente beneméritos. No es posible a los reyes dejar de dar los puestos, ni contentar y hartar con ellos a los que los reciben. Si lo consideran, más padecen que hacen. Entendieron Casio y Bruto la mente de César; y por medio de sus amigos, si del todo no se reconciliaron, entre sí se confederaron contra él y aunaron las quejas propias contra el príncipe. Ésta fue la primera disposición a la conjura contra su vida, y ocasionó la primera plática sospechosa de las mercedes del tirano.

Texto

En este tiempo advirtieron a César que Marco Antonio y Dolabela maquinaban novedades y tumultos. Con ánimo constante y présago, leyendo esta advertencia, dijo: «Yo no temo hombres gordos y guedejudos, sino hombres descoloridos y flacos», denotando a Casio y Marco Bruto. Y valiéndose desta ocasión los atentos en la calumnia ajena, le dijeron que no se fiase de Bruto; a los cuales, tocándose afectuosamente el pecho con la mano, dijo César: «¿Por qué? ¿Os parece a vosotros que Bruto se cansará de aguardar este cuerpecillo?». Dando a entender que con él a nadie pertenecía tanto poder como a Bruto, y que había de nombrarle por sucesor suyo: lo que le sucediera si aguardara.

Discurso

Poco hay que temer en aquel hombre que embaraza su alma en servir a su tez y a llenar de más bestia la piel exterior de su cuerpo. Entendimiento que asiste a la composición del cabello, poco cuidado puede dar a otra cabeza; y en la suya que riza, más veces es cabellera que entendimiento. El hombre gordo es mucho hombre y grande hombre en el peso y en la medida, no en el valor; porque en el que es abundante de persona, la vida está cargada y la mente impedida; y como sus acciones obedecen perezosas a su demasía de cuerpo, así sus sentidos no pueden asistir desembarazados al dictamen del juicio. Ponen toda su conveniencia en el alimento, son tiranizados de la comodidad, y su diligencia no sale de pretender agradar con las galas la vista ajena, y con las golosinas la propia boca. Conténtase con desear mal, porque lo pueden hacer en la cama y en la mesa. No le hacen, por no hacer algo. Al contrario, los ciudadanos flacos y descoloridos como los gruesos alimentan sus estómagos de su entendimiento, éstos hacen alimento de sus entendimientos sus estómagos. Digiéreles su imaginación las personas, bébeles la sangre su entendimiento. Por eso su tez está mal asistida de su sangre. Tienen descolorido el rostro y colorado el corazón. Quien piensa tan profunda y continuamente que se consume a sí mismo, ¿qué hará al que aborreciere? Pensar y callar con alimento de los grandes hechos y venganzas. Sabía César que él propio había sido sospechoso al filósofo por flaco y desaliñado, cuando dijo: Cavendum est a puero male praecincto. «Debemos guardarnos del mozo mal ceñido.» Y como supo sacar cierta su sospecha, tuvo sospecha de Bruto y de Casio, y no de Marco Antonio y Dolabela, hombres abultados con las desórdenes de la gula, ocupados en afeminar las propias asperezas varoniles, a quien solamente deben temer las rameras por competidores. Estos tales al lado de los príncipes, siempre ocupando con invenciones el ocio y poblando de mentiras la atención real y desacreditando con la traición a los leales y con los chismes de la paz los trabajos de la guerra, han ocasionado los estragos y castigos que han hecho los flacos y mal aliñados. No le importó tanto a César despreciar aquéllos como el no despreciar a éstos, a los cuales supo decir que temía, y no supo temerlos. Reforzáronle la sospecha los que a su lado hacían mala vecindad a la dicha de Bruto, diciéndole se guardase dél. Y César se asegura de la intención ajena que él teme, y le acusan con la propia de hacer a Bruto su heredero, cosa que él solo sabía. Mucho ignoró César; disculpa tiene, pues se creía a sí era Bruto su hijo. Afirmó, tocándose el pecho, que aguardaría el fin de su cuerpo, siendo la ambición más impaciente que la venganza. El hijo ama al padre en tanto que no sabe que en muriendo su padre hereda la hacienda; porque, en sabiéndolo, olvida el ser que le dio por la herencia que ya no le da. La ambición se irrita con promesas; no satisface. Vida que difiere la riqueza del pobre que espera, es más aborrecida que la pobreza que padece el que espera. Quien tiene lo que ha de dejar a otro, le justifica, o, por lo menos, le ocasiona deseos de que se lo deje y diligencias para que se lo acabe de dejar. Y, según esto, debiendo César temer a Marco Bruto más por heredero que por flaco y descolorido, se aseguró del mayor riesgo con el menor.

Texto

Casio, hombre animoso, feroz, aborrecía a César en secreto más que en público, y por esto contra él incitaba y encendía a Bruto. Díjose que Bruto aborrecía el reino, y Casio el rey; el cual, por unos leones que siendo edil curul había juntado, y se los quitó César, estaba ofendido. Estos leones halló César en Megara, cuando la tomó Galeno, y los retuvo. Y después, estas mismas fieras, con lástima de los propios enemigos, fueron sangrienta ruina de los megarenses. Ésta afirman, mas con poca razón, que fue la principal causa de la conspiración de Casio contra César. Empero la causa no fue forastera, ni otra sino la libertad de Casio, desde su niñez impaciente de imperio y servidumbre, y una condición resuelta y belicosa contra toda presunción y soberbia: facinerosa para consentir superior, y insolente para admitir igual. Con tal rencor aborreció los tiranos, que, siendo niño y concurriendo a unos juegos con Fausto, hijo de Sula, y encareciendo el poderío de su padre con grandes encarecimientos, Casio le dio una bofetada. Y pretendiendo volver por Fausto y vengarle los amigos de su padre, que le tenían a cargo, lo estorbó Pompeyo, el cual, juntando los dos muchachos y preguntándoles la ocasión de la riña, dicen que Casio respondió, enajenado de la cólera, con estas palabras: «Ea, Fausto, atrévete a decir delante déste las palabras por que me enojé; que yo te desharé a puñadas la boca con que las repitieres».

Discurso

Los que buscaron por causa de la conspiración de Casio contra César los leones de Megara, no sabían que el corazón de Casio, donde se encerraba la ira precipitada y la soberbia resuelta, era leonera y no corazón, y que su fiereza natural no necesitaba de otras fieras. Realmente que en las repúblicas estos hombres de enojo desbocado y condición cerril pueden ser útiles muchas veces, si bien pocas veces lo saben ser. Más provechoso es al príncipe el que le da cuidado que el que se le quita, porque siendo cuidado el reino, le quita el reino quien le quita el cuidado. Las leyes, amenazadas de la majestad, se sirven destos ciudadanos por orillas del sumo poderío. No acortan las coronas, antes las ajustan. No las quitan, sino las arraigan. El que los sufre, se acredita; el que los persigue, los acredita. Dios, que cuida de las dolencias de los reinos, los produce por medicina; porque el vasallo que aborrece en el príncipe lo que le hace aborrecible, no aborrece al príncipe, sino a quien le aborrece; quien le acredita la licencia que se toma, se toma licencia para decir que le da lo que le quita.

Mucho les importa a los monarcas no admitir con nombre de arbitrio que socorre, el despojo que necesita; ni con nombre de ampliación del poderío, la diminución dél. Quien extiende cuanto más puede en panes la barra de oro, al paso que la extiende, la adelgaza, y de barra sólida que no se puede romper, la vuelve hoja que aun no se defiende de la respiración del que la mira. Así suelen los artífices de la maldad extender el poder de sus príncipes, hasta que, de puro delgado, le puede llevar donde quisiere su resuello. El ostracismo tuvo por virtud el desterrar la virtud en eminente grado. Era el destierro canonización; causábale el exceso del mérito: no temían la bondad, sino el séquito que merecía. No pudo Roma sufrir las grandes hazañas y las santas costumbres de Scipión. Conocido él, y, religioso, dijo: «Más quiero que con el destierro falte Roma a Scipión, que no que Scipión falte a Roma en el destierro». ¡Extraña medicina, echar la salud para quedar sanos! La libertad se perpetúa en la igualdad de todos y se amotina en la desigualdad de uno. Por eso Casio desde niño aborreció la superioridad, aun en la presunción de otro alguno; y varón, en las armas y fortuna de César: fue su natural contagio para Marco Bruto.

Texto

Las pláticas repetidas en los amigos y las ordinarias voces en las conversaciones de los ciudadanos y los escritos que discurrían en secreto, inquietaron a la conjuración el ánimo de Marco Bruto; porque amanecía escrito los más días en la estatua de su progenitor Junio Bruto, el que dio fin a la dignidad real: «¡Oh si fueras hoy, Bruto! ¡Oh, Bruto, si hoy resucitaras!». Y en el tribunal del propio Bruto cada día hallaban carteles que decían: «¿Duermes, Bruto? No eres verdadero Bruto». Todo este mal causaban a César mañosamente sus aduladores, que, lo uno le cercaban de honras invidiosas; lo otro, de noche, a sus estatuas las ponían diademas, para provocar con estas insignias que le aclamase el pueblo, no dictador, sino rey, que era el nombre aborrecible entonces.

Discurso

Era Marco Bruto varón severo, y tal, que reprehendía los vicios ajenos con la virtud propia, y no con las palabras. Tenía el silencio elocuente, y las razones, vivas. No rehusaba la conversación, por no ser desapacible; ni la buscaba, por no ser entremetido. En su semblante resplandecía más la honestidad que la hermosura. Su risa era muda y sin voz: juzgábanla los ojos, no los oídos. Era alegre solo cuanto bastaba a defenderle de parecer afectadamente triste. Su persona fue robusta y sufrida lo que era necesario para tolerar los afanes de la guerra. Su inclinación era el estudio perpetuo; su entendimiento, juicioso, y su voluntad siempre enamorada de lo lícito, y siempre obediente a lo mejor. Por esto las impresiones revoltosas fueron en su ánimo forasteras e inducidas de Casio y de sus amigos, que, poniendo nombre de celo a su venganza, se la representaron decente y se la persuadieron por leal. Empero no puede negarse que siempre por su dictamen aborreció en César la ambición y la causa de sus armas, pues olvidando la propia injuria en la muerte de su padre, en que fue culpado Pompeyo, se puso de su parte, y peleando con él y a su orden por la libertad de Roma, se perdió en Farsalia. Mostrábase Bruto malcontento con prudencia suspensa, porque sabía cuánto riesgo hay en empezar cosas que se aseguran si las sigue el pueblo, pues aun en llegarse a las que sigue hay peligro; porque la multitud tan fácilmente como sigue, deja, y en lugar de acompañar, confunde. Es carga, y no caudal: carga tan pesada, que hunde al que se carga della;

y al contrario, ninguna cosa que no sea muy leve la cargan, que en ella no se hunda. Alborótase como el mar, con un soplo, y solo ahoga a los que se fían della. Los sediciosos y rebelados contra César descifraban los silencios de Bruto, y aunque creían eran a su propósito sus deseos, no se atrevieron a preguntárselos, se los espiaron con rótulos y carteles en la estatua de su antecesor y en su tribunal. Platican algunos príncipes por acierto bien reportado el despreciar los papelones y pasquines que hacen hablar mal a las esquinas y pilares, porque dicen que el mejor modo que hay de que callen es no hablar en ellos, y que mejor se caen dejándolos que quitándolos. Esta templanza y razón de Estado vive mal informada del fin que tienen en tales libelos las lenguas postizas de las puertas y cantones. No es su intento deshonrar al que vituperan; más oculto es el tráfigo de su malicia. Fíjanlos para reconocer, por el modo con que hablan dellos, los retiramientos de los corazones cerca de las personas de quien hablan. Fíjanse para reconocer quién son los que aborrecen a los que aborrecen: no lo hacen para desfogar el enojo, sino para descubrir el caudal y séquito que hay para desfogarle. Yo llamo a estos papeles (no sé si acierto) veletas del pueblo, por quien se conoce adónde y de dónde corren el aborrecimiento y la venganza, lo que estudia y sabe el que los pone, por lo que oye decir a los que vieron puestos. Cuán diabólico ardid sea éste, conócese en que, siendo tan bien reportada la mente de Bruto y su intención tan sin salida, se la descerrajaron tres letreros tan breves como: «¡Oh si fueras Bruto!».
—«¡Oh, Bruto, si vivieras!»
—«¡Bruto, no eres verdaderamente Bruto!»
Que en todos tres, faltando letras para un renglón, sobraron para una conjura. Permítaseme presumir he servido a los príncipes en poner nombre por donde sea conocida esta mina. Y si bien para batir la vida de Julio César ésta fue po-

derosa munición, no tuviera fuerza a no valerse de los aduladores de César. Si esta parte la sé decir y hallo quién me
la sepa creer, yo seré el más justificado acreedor que tenga
la conservación de los reyes y monarcas. Mi riesgo y el suyo
es que los que a mí no me pueden contradecir el decirlo, los
contradirán a ellos al creerlo. ¡Oh monarcas! Desembarazad
las orejas de los que os las muerden y no os las hablan, y solo
os la sueltan sus bocas para despedazar y tragarse el consejo
que viene a ellas. Oíd en la vida de César para su muerte esta
cláusula, y agotad en ella vuestra atención por vuestra salud.
Ahora veréis que exclamo con razón y que exclamo poco.
No halló todo el estudio de la maldad y todo el desvelo de
la traición otra manera de hacer a César aborrecible, sino
ampliarle la soberanía, las honras y el poder, y crecerle en
divinidad los nombres y los blasones. Ponían en la cabeza de
su estatua diadema que negociase a la cabeza de su cuerpo el
cuchillo: la que se vía corona sobre el retrato, se leía proceso contra el original. Sobrescribían sus simulacros con estas
palabras: César rey, para que, llamándoselo el pueblo, que lo
leía, le publicase tirano y no dictador. Solamente los hechice-
ros de la ambición pudieron confeccionar corona que quitase
corona, honra que atosigase la honra, vida que envenenase
la vida, adoración que produjese el desprecio, aplauso que
granjease odio. ¡Gran ceguedad es la mía, que con vanidad
de maestro estoy enseñando estas cosas a los príncipes de
quien las aprendo! Mas no por esto seré culpable. Yo hago
oficio de espejo, que les hago ver en sí lo que en sí no pueden ver. Ninguno puede ver en su rostro la fealdad que en
él tiene; y el que con los propios ojos no puede verse a sí, la
ve y se la advierte. Padecen los reyes esta enfermedad y no
la sienten, y por no sentirla es peligrosa. Los que los enfer-
man, juntamente les dan el mal y les quitan el sentido. No es
fuera de propósito que unos miembros se quejen por otros.

Del rey, que es cabeza, son miembros los vasallos. Cuando los vasallos se quejan, el rey les duele. Apodérase una apoplejía del celebro; muérense los pies y tiemblan las manos, y por la cabeza, que padece y calla, hablan con temblores los brazos. De la gota que en el corazón derriba el mal caduco, es señal el ímpetu que furiosamente maltrata los miembros. Y pues los letargos que os asisten con nombre de ministros (o cabezas del mundo) os quitan el sentido de los males que os causan, conocedlos en las quejas de vuestros miembros. Grande dolor es sentir mucho, y grande enfermedad no sentir nada: esto es ya de muerto, aquello aún es de vivo. Por esto habíades de sentir más la falta de sentimiento, que la sobra de dolor. Y advertid que hay quien pone la corona en la cabeza para quitar la cabeza con la corona. En la cabeza de la estatua de César fue su ruina una diadema; en los pies de la estatua de Nabuco, una guija: de pies a cabeza sois peligrosos. Dotrina son estas de dos estatuas: honra añadida os enferma la cabeza, que sois vosotros; pequeño golpe de cosa pequeña os deshace los pies, que son vuestros vasallos. Según esto, vuestro cuidado ha de ser no consentir para vosotros demasiada grandeza, ni para ellos aun pequeño golpe.

Texto

Solicitando Casio todos sus amigos contra César, le respondían todos que asistirían su intento, como Marco Bruto le asistiese en él; dando a entender en esto que no echaban menos para dar la muerte a César, manos ni determinación, sino la autoridad de tan grande varón como Bruto; porque su presencia y el empeño de su virtud autorizaba la acción, y bastaba solo a calificar de honesto el hecho, y que sin él le habían de empezar con sospecha y le habían de efetuar con temor; porque él, si se excusase, mostraría que era injusto, y si le asistiese, que era justificado. Habiendo revuelto estos pareceres Casio, la primera diligencia que hizo fue irse a buscar a Bruto, y después de haberse reconciliado con él por caricias y abrazos, le preguntó si se pensaba hallar en el Senado el día de las calendas de marzo, porque había entendido que los amigos de César aquel día querían tratar de establecer su reino. Y respondiendo Bruto que no iría, Casio replicó:

«Pues ¿qué haremos si nos llaman y nos preguntan?»

«Ya entonces —dijo Bruto— me tocará no callar, sino defender la libertad y perder la vida por ella.»

Entonces, levantándose Casio animosamente, dijo:

«¡Oh, Bruto! ¿Qué ciudadano habrá en Roma que consienta que mueras de esa suerte por la libertad? ¿Por ventura, Bruto, te ignoras a ti mismo? ¿O acaso te persuades que estos carteles los han fijado en tu tribunal oficiales mecánicos y gente vil, y no quieres creer que los pusieron príncipes y ricos hombres? De otros pretores esperan dádivas, espectáculos y juegos de gladiadores; de ti, como heredero y decendiente del cuchillo de los tiranos, esperan alcanzar la libertad. Todos están determinados de ofrecerse por ti a la muerte y a no perdonarse por tu salud algún peligro, si, como te quieren y te esperan, te hallaren.»

Dijo, y abrazando apretadamente a Bruto, se dividieron, acudiendo cada uno a hablar a sus amigos.

Discurso

No hay tirano que no acaben, si se juntan uno que aborrece la tiranía por su naturaleza y otro que la aborrece por la razón. Entonces el aborrecimiento es cabal, cuando se aúnan el que aborrece al tirano y el que aborrece la tiranía: aquél incita, y éste ordena; el uno es entendimiento de la inclinación del otro. Estas dos personas juntas dieron la muerte a

Julio César, y fueron más eficaces para tan grande hecho, porque él los juntó a sí para que se juntasen entre sí contra él. Casio, cuyo aborrecimiento era hijo de su natural, se atrevió a empezar la plática y a envenenar con tales razones a sus confidentes.

Oración de Casio

—Si Julio César se deja persuadir, temerario de la ambición y la soberbia, a ser tirano de su patria y cárcel de nuestra libertad, ¿cómo nosotros, ciudadanos de Roma, a ser leales, no nos persuadiremos de la razón y de la justicia? ¿Y por qué desconfiaremos que los dioses, que han permitido vitoria a sus robos, la nieguen a nuestra santa restitución? Dudar esto sería culparlos en su providencia; y pues no tiene más vida el que sabe ser malo, de hasta tanto que otro sabe ser bueno, cada día y cada hora que se alargare su vida será fea acusación de nuestra maldad. ¿Qué esperamos por nuestro temor, cuando la república nos espera por su remedio? Dos peligros grandes tenemos: en sabernos librar del peligro infame está el librarnos. Peor es vivir indignos de la vida por no saber morir, que morir dignos de vida por saber buscar la muerte. Los grandes hechos nunca se hacen sin aventurarlos. Y hay mayor riesgo en desear dar muerte al tirano, que en dársela; porque quien empieza lo que todos desean, empieza solo lo que acaban todos. ¿Qué trabajo se iguala al disimular (obedientes a la adulación del tirano) con las mentiras de la cara las amenazas del espíritu? Sabe el tirano que no merece el aplauso de los disimulados, y castiga primero a aquellos de quien tiene sospecha que a los de quien tiene queja; porque teme por peor lo que malicia que lo que ve, cuanto se debe juzgar más dañoso al enemigo oculto que el descubierto. Si teméis sus armas, yo os certifico que ellas no aguardan para ser nuestras sino a que él deje de ser; que el difunto no tiene otro séquito que el de la sepultura. Ni tenemos otra cosa que temer en este hecho sino la dilacción; porque si le damos tiempo, establecerá su reino y fortificará su poderío con hechuras, y comprará amigos con las mercedes y beneficios. Yo no tengo enemistad con la persona de César, sino con su intento, ni en estas palabras oís mi venganza, sino mi celo. El pueblo os llama con carteles frecuentes, la patria con suspiros, yo con razones. Consultad con la honra y la obligación mi discurso; que yo fío de vuestro valor que no faltará voto. Oyeron esta peste bien razonada, y respondieron que no les faltaban manos ni valor para la ejecución; empero que echaban menos para este hecho la persona de Marco Bruto, que con la asistencia de sus virtudes y opinión la calificaría; y ofreciéronse al riesgo, si Bruto los acompañase en él. Anduvieron bien advertidos, pues para matar a César echaron menos el hombre que sabían estimaba más. Siempre se da el veneno en lo que más frecuentemente se come, o se pone en lo que ordinariamente se trae.

Casio a Bruto

Casio, que vio remitida esta facción en el consentimiento de Marco Bruto, se fue a él, y con caricias de cuñado y abrazos de amigo, después de haber reconciliado con él las diferencias pasadas, como quien conocía la prudencia de su mente, por mejor cautela preguntó y no propuso. Díjole que si se pensaba hallar el día de las calendas de marzo en el Senado; porque se decía que en él los amigos de César le querían elegir por rey. Con esta palabra coronada al que amaba la libertad de la patria, puso el escándalo de la pregunta en ella. Bruto, que reconocía que el hombre cuerdo, como no ha de rehusar los riesgos, no les debe salir a recibir ni entrarse en ellos, respondió que no iría al Senado; mas replicando Casio:

—Y si nos preguntan o nos llaman, ¿qué debemos hacer?

—dijo Bruto—: Entonces derramaré mi sangre y perderé mi vida por la libertad, porque el que verdaderamente es buen consejero, puede dejar de ir al Senado; mas si va, no puede en él dejar de hacer y decir lo que fuere justo. Puede morir con violencia, mas no sin constancia. Casio, prevenido, le tomó la palabra, y con las alabanzas y seguridades que se leyeron en el texto, le dejó encargado de la hazaña con muchas demostraciones de amor. Y es de notar que siempre fue causa para la conjuración contra César quien le amplió la soberanía. Levantó al pueblo quien puso diadema en su estatua. Amotinó a Bruto Casio con decir que se juntaban en el Senado para hacerle rey, siendo dictador.

Texto

Era en aquel tiempo un cierto Cayo Ligario, que había sido favorecido de Pompeyo, por lo que había sido acusado y sospechoso a César; mas después César le perdonó, y aunque le hizo muchas mercedes, aborreciendo siempre el desordenado poder de César, secretamente le aborrecía, y por la propia razón tenía con Bruto muy estrecha amistad. Pues como éste estuviese enfermo, fuele a visitar Bruto, y llegando a la cama donde estaba, le dijo Bruto: «¡Oh Ligario! ¿Por cuál causa estás en la cama y enfermo en este tiempo?». A estas palabras, levantándose Cayo Ligario sobre el codo, respondió: «De verdad, Bruto, yo estoy bueno y sano si tú piensas y hablas cosas dignas de ti mismo». Y desde aquella hora lo comunicaron todo con todos sus amigos. Y no solamente hicieron una cabeza de sus confidentes, mas aunaron consigo todos aquellos que eran inclinados al bien común, atrevidos y despreciadores de la muerte. Y si bien Cicerón era benévolo y fiel para con todos ellos, les pareció no darle cuenta de lo tratado; porque siendo Cicerón cobarde y persona que con palabras solas y fiado en ellas presumía efetuar todas sus cosas, con seguridad temieron que, siendo disinio tal que necesitaba de obra y de presteza, se le dilataría en palabras. Asimismo, de los amigos que tenía, excluyó en esta determinación Marco Bruto a Statilio, epicúreo, y a Favonio, imitador de Catón, por haber hecho en las disputas y conversaciones experiencias de su sentir. Había dicho Favonio que la guerra civil era peor que la más dura tiranía; y Statilio, que al varón sabio y prudente no le era lícito por causa de los malos y de los necios arrojarse en los peligros temerosos. Y como, oyendo lo que estos dos dijeron, Labeón, que estaba presente, los contradijese, viendo Bruto que aquella disputa era escrupulosa y aventurada, calló; después comunicó a Labeón su intento. Éste no solo ofreció de asistirle en él, sino que luego habló a otro que se llamaba Bruto Albino, que aunque no era noble, ni virtuoso, ni valiente, porque era poderoso por la multitud de gladiadores que para los espectáculos juntaba, le pareció a propósito reducirle a la conjura. Habláronle Casio y Labeón;

mas, no habiéndoles dado respuesta, y hablándole en secreto después Marco Bruto y diciéndole que él era capitán desta resolución, ofreció que con todos sus fuerzas le asistiría en ella. Y no solo a éste, mas a otros muchos persuadió solamente el nombre esclarecido de Bruto; los cuales todos, aunque se confederaron sin solemnidad de juramentos, ni de tocar aras, ni hacer sacrificios, de tal manera sepultaron en su silencio su consejo, que por más que se le pronosticaban a César astrólogos, prodigios y entrañas de ofrendas, no se pudo penetrar ni entender, y pasaron sin crédito tan manifiestos agüeros y adivinos.

Discurso

Cuando por las desórdenes de algún príncipe se muestra el pueblo descontento, peligran los buenos y los sabios entre las quejas de las gentes y las espías y acusadores que el tirano trae mezclados en todos los corrillos; y es casi imposible poderse salvar en esta borrasca los oídos ni las lenguas; porque para el que teme, igualmente es cómplice el que calla como el que responde. Es delatado el silencio por pensativo, y la voz por impaciente; y extiéndese a tanto el riesgo, que aun no se libra dél quien, conociendo los delatores, por disimular alaba y defiende las violencias; porque aquel que se encarga de acusar para que el tirano estime su maña y la tenga por mayor que la prudencia del recatado, no refiere lo que dijo delante dél, sino lo que quería que dijese, y alega por grande servicio el falso testimonio, y acredita su eminencia con sus mentiras. Hace su oficio de acusador y de soplón en el que habla mal del príncipe; y en el que habla bien, con imposturas no consiente que se le deshaga. Saben éstos que el tirano (tal es la miseria de su estado) solo estima al que le da más noticias de más enemigos, y que solo tiene por sospechoso al acusador que deja de acusar a alguno; y esto porque siempre está de parte del odio que merece a todos. Por estar advertido destos inconvenientes, Cayo Ligario se retrajo a la cama y se fingió la enfermedad, asegurando con ella la salud de su sosiego. Marco Bruto, como hombre discreto, no creyendo a la cama, y persuadiéndose era ardid y no enfermedad, le dijo: «¿Cómo estás en el lecho en este tiempo?».

Y no le preguntó por qué dolencia estaba en él; que en cosas tan arriesgadas es seguro el reconocer, y aventurado el preguntar. Quinto Ligario le habló como a médico de quien podía fiar su mal, y le dijo, levantándose: «Yo estoy bueno y sano si tú piensas y dices cosas dignas de tu persona». Persuádome que Marco Bruto le diría tales palabras:

Oración de Bruto

—Hasta ahora, ¡oh Ligario!, me he llamado Bruto: ya se llegó la ocasión de serlo. Quiero y debo pasar el nombre a los hechos. Pues Julio César imita a Tarquino, yo, Marco Bruto, quiero imitar a Junio. Vencido he ya con las utilidades de su muerte las amenazas de la mía. Más quiero que se acorte lo que me resta de vida, que es menos, que infamar lo que de mi vida ha pasado, que es más. Yo hago el negocio de los por venir: prevengo a los que aún no son, para que sepan ser a costa de los que no son como debían ser. Breve es la vida; antes ninguna en aquel que olvida lo pasado, y desperdicia lo presente, y desprecia lo por venir. Y solamente es vida y tiene espacio en aquel varón que junta todos los tiempos en uno. Cuando el pasado con la recordación le vuelve el que pasa, con la virtud le logra, y el porvenir con la prudencia le previene. A esto aspiro, ¡oh, Ligario! Acuérdome de lo que fue entonces, cuando la maldad coronada tuvo por límite el cuchillo de mi ascendiente. Quiero desempeñar mi obligación en lo que hoy es y prevenir para adelante lo que será. Hasta ahora hemos sabido todos que Roma es nuestra madre; hoy apenas sabe Roma quién de todos es su hijo. Perder la libertad es de bestias; dejar que nos la quiten, de cobardes. Quien por vivir queda esclavo, no sabe que la esclavitud no merece nombre de vida, y se deja morir de miedo de no dejarse matar. Tenemos por honesto morir de nuestra enfermedad, y ¿rehusaremos morir de la que tiene nuestra república? Quien no ve la hermosura que tiene el perder la vida por no perder la honra, no tiene ni honra ni vida. A Roma antes dejaré de ser ciudadano que hijo. El haberme faltado la fortuna para este intento en el ejército de Pompeyo, antes me anima que me desmaya; que tan justificadas aciones las niegan los dioses a la locura de la suerte, para concederlas a la razón de la virtud. Toda la sangre de Farsalia, en vez de escarmentarme, me aconseja. Allí hice lo que pude; aquí haré lo que debo. Si los dioses no me asistieren, yo no dejaré de asistir a los dioses. No pude hacer que las armas de César no empezasen a ser dichosas; empero procuraré que no acaben de serlo. Si hubiere quien me siga, verá la posteridad que hubo otros buenos romanos; si no, conocerán que yo solo me atreví a ser bueno. Grande gloria es ser único en la bondad; empero es gloria avarienta. No lo deseo, porque quiero bien a mi patria; no lo temo, porque conozco sus ciudadanos. No aborrezco en César la vida, sino la pretensión. La maldad que le dio con el soborno los magistrados, le persuadió con la ambición a perpetuar en sí el encargo que la ignorancia de los padres le prorrogó; y después le enriqueció el sacrilegio con el robo del templo de Saturno, menospreciando las advertencias religiosas de Metelo. La fortuna furiosa dio la vitoria a su traición en la postrera batalla, y la traición de Ptolomeo le dio la cabeza de Pompeyo. Todo cuanto tiene y ha alcanzado ha sido dádiva de la iniquidad; nada posee que no sea delito del que se lo dio y del que lo tiene. Quitárselo no es despojarle, sino absolverle. Lo que se cobra del ladrón se restituye con justicia cuando se le quita con violencia. Yo, Cayo, no trazo conjura; antes formo tribunal; a ser jueces convoco los amigos, no a ser conjurados. La ira, ¡oh Ligario!, quema el entendimiento, no le alumbra; y la paciencia, que obliga a los buenos, anima a los malos. Por esto conviene tenerlas a entrambas o a ninguna; que la ira sufrida sabe ser virtud, y la paciencia enojada sabe dejar de ser vicio. Determinado tienen los cómplices con César, el día de las calendas de marzo, de jurarle rey en el Senado. Conviene adelantar su muerte a esta maldad, antes que el nombre de rey con el resplandor de la majestad halague la ignorancia de la plebe y atemorice el celo de los leales. Reconocida tengo la arte de su fortificación: hase acompañado de cómplices, hase hecho numeroso séquito de delincuentes, que, como partícipes en sus delitos, sean interesados en su conservación. Los que han merecido su lado son perjuros, acusadores, asesinos, sacrílegos y invencioneros, y estos últimos son los más a propósito para establecer su dominio; porque con arbitrios, quimeras, locuras y novedades distraen el juicio de los pueblos, y les desperdician la atención con el movimiento perpetuo de maquinaciones nunca oídas. Y si tiene pereza nuestro celo y le damos lugar a que se corone, con las mercedes y cargos hará ministros y príncipes estos que hoy son delincuentes, y se embarazará el castigo de sus culpas en lo magnífico de sus cargos; que en el mundo los delitos pequeños se castigan, y los grandes se coronan; y solo es delincuente el que puede ser castigado, y el facineroso que no puede ser castigado es señor. Por esto, ¡oh Ligario!, no es tan importante la presteza como el valor. Yo no te llamo al peligro, sino a la gloria; y tengo tan conocida tu virtud, que no la agravio con aguardar la respuesta de tu boca, oyéndola en tu obligación.

Oración de Ligario

Respondiole animoso:

—Tus razones, Bruto, no quieren respuesta, sino obediencia. Tales son, que solo siento no haberlas dicho. En estas cosas se ha de hablar poco, ya que no se excusa el hablar algo. Confederados están los ánimos; pon las manos en la ocasión, y apodérese del tiempo el silencio mañoso; que la multitud de malos en que se fía César, en muriendo le aborrecerán, como si fueran buenos; porque la maldad una cosa tiene peor que ella y es necesitar de ruines para su aumento y conservación. En la forzosa determinación no se ha de tratar de inconvenientes, cuando la maldad y la prudencia son los pilotos del mundo. Y pues los consejos desconfiados desenfrenan las sinrazones de los ruines, si quieres que esté sin recelo, pásame del discurrir al obrar. Fortalecidos con esta conferencia, apartaron la conversación. Tan próvido se mostró Marco Bruto en los que escogía como en los que dejaba. Era Cicerón íntimo amigo suyo, de lealtad asegurada con experiencias grandes; empero era más elegante que valiente: sus hazañas remitía a la lengua y no a la espada. Hablaba bien y mucho, y por esto eran artífices de sus obras sus palabras. Aquí reconoció Bruto aventurado el secreto de tan gran empresa, porque él no pretendía persuadir cosa que se hiciese, sino hacer cosa que se persuadiese con la obra. No quería probar que convenía matar a César, sino matar a César para probar que había sido conveniente matarle. Por esto excluyó al elocuente, y a Stcatilio, epicúreo, y a Favonio, por el temor filósofo que habían mostrado en las conversaciones familiares. El uno aprobaba la tiranía y no las guerras civiles, por no padecerlas, como si la tiranía no fuera la peor guerra civil y ya vitoriosa. El otro decía que el varón sabio no se había de arrojar al riesgo por los necios y malos. Éste

77

no hubo cosa buena a que no pusiese nombre aborrecible. A la lealtad llamó riesgo, y necios y malos a los celosos y prudentes. Hay siempre en las repúblicas unos hombres que con solo un reposo dormido adquieren nombre de políticos; y de una melancolía desapacible se fabrican estimación y respeto: hablan como experimentados, y discurren como inocentes. Siempre están de parte de la comodidad y del ocio, llamando pacíficos a los infames, y atentos a los envilecidos; y son tan malos, que solo es peor el que los da crédito. No los replicó Bruto, aunque los contradijo Labeón; porque éstos son peores advertidos que despreciados. No le pareció a Bruto establecer la conjura con juramento, sacrificio ni ceremonia exterior; porque estas cosas pueden resultar en indicios, y el secreto acompañado de ruidos, suele con él ser parlería de su mismo silencio. Y este aparato de juramentos y ofrendas en las confederaciones, no solo no las afirma, mas antes las acusa de sospechosas, pues siempre confiesan estos requisitos la duda que los que los piden tienen de los que los conceden. Aquel negocio se ejecuta con menos riesgo, que depende de menos circunstancias. Verificó bien esta dotrina Marco Bruto; pues, no sacando afuera de las almas de los confederados la resolución, la cerró tan oculta, que burló el crédito a los astrólogos que amenazaron a César, con día señalado, su fin; a los animales, que, muertos, con entrañas introducidas a la profecía (por la superstición), se le predijeron; y a tantas señales y agüeros que le amonestaban de su riesgo. Ordénalo Dios así, porque si los temerarios no fueran incrédulos, difícilmente los hallara el castigo; mas, como nacen para escarmiento, solo dan crédito a la soberbia, que, presumida, les aparta el remedio de las dudas.

Texto

Bruto, viendo que dependían dél todos los valientes y leales de la ciudad, revolvía el peligro en lo más hondo de su ánimo, y procuraba en el semblante componer los sentidos de día; y de noche en su casa no era el mismo, porque a veces, a pesar del sueño, le solicitaba congojosamente el cuidado. Y profundamente melancólico, vacilando en los senos de las dificultades y las amenazas de los riesgos, no pudo engañar la atención afectuosa de su mujer, que en su fatiga conoció padecía interiormente las ansias de alguna determinación dificultosa y intrincada. Llamábase Porcia, y era hija de Catón. Casose Bruto con ella, siendo viuda y muchacha, y teniendo un hijo que se llamó Bibulo, de quien hoy se lee un pequeño comentario de los hechos de Bruto. Era Porcia mujer estudiosa de la filosofía, enamorada de su marido, animosa y prudente; y por serlo, antes quiso hacer de sí experiencia, que preguntar a su marido la causa de tan congojosa tristeza. La experiencia que hizo en sí fue ésta: con un cuchillo que los barberos tienen para cortar las uñas, después de haber desembarazado su aposento de las criadas, quedando sola, se dio en un muslo una gran herida. Empezose luego a desangrar copiosamente, a que se siguieron inmensos dolores, con calenturas y frío; y viendo a Bruto afligido y atónito de verla en tan peligroso estado y tan mortales congojas, le habló en esta manera: «Yo, Bruto, hija de Catón, me casé contigo, no como las concubinas solamente para el consorcio de la mesa y de la cama, sino para ser tu compañera en lo próspero y en lo adverso. Por tu causa no puedo quejarme de mi casamiento, y tú puedes quejarte del tuyo conmigo, pues no te puedo dar algún alivio o deleite, cuando ni el retirado tormento de tu ánimo, ni el cuidado que veo cuánto te desasosiega y requiere confianza, no te le ayudo a padecer. No ignoro que la naturaleza flaca de las mujeres no es capaz de la guarda de algún secreto; mas en mí hay una cierta virtud de buena enseñanza y de honesta índole para reformar las costumbres de mi sexo, y ésta la tengo por hija de Catón y por mujer de Bruto, en las cuales antes de ahora estaba menos confiada; mas ahora me he experimentado invencible al dolor y a la muerte». Dijo así, y descubriéndole la herida, le dijo el fin con qué se la había dado. Él, atónito, y enajenado con la admiración y la pena, levantando las dos manos al cielo, suplicó a los dioses fuesen propicios a su intento para que se mostrase digno marido de Porcia.

Discurso

Aquellas cosas que degeneran de sí mismas, en lo que desmienten su naturaleza suelen ser prodigiosas: admirables si son buenas, y vilísimas si no lo son. Los hombres que han sido afeminados, han sido torpísimo vituperio del mundo. Las mujeres que han sido varoniles, siempre fueron milagrosa aclamación de los siglos; porque, cuanto es de ignominia renunciar lo bueno que uno tiene, es de gloria renunciar lo malo y flaco. Porcia, mujer de Marco Bruto, fue tan esclarecida, que en sus acciones más pareció Catón que hija de Catón; antes Marco Bruto que su mujer; pues, siendo el natural de todas las que lo son derribado a las niñerías del agasajo, y solo atento al logro de su hermosura, y a la hartura de su deleite, y a la servidumbre de su regalo, ésta, cudiciosa de penas y ansiosa de cuidados, tuvo celos valientes, no de que la tuviese menos amor, sino de que la tuviese menos afligida con la propia causa que su marido lo estaba. Tuvo por afrenta que no la juzgase Bruto digna de padecer con él, y capaz de cuidados homicidas. Estaba triste de verle triste, y corrida de estarlo por la vista, y no por la comunicación confidente; y esto, porque sabía que se aumenta el dolor a solas y desconfiado de compañía. Parecíala que no darla Bruto parte dél era temor de la flaqueza mujeril, y que por esto quería padecer más dolor secreto y prudente, que menos dolor aventurado y repartido. No le culpaba porque era mujer, mas trató de disculparse, sabiendo ser mujer. Primero con una herida mortal se calificó para poder preguntar a su marido la causa de su tristeza, que se la preguntase. Quiso que la pregunta fuese hazaña, no curiosidad; y reconoció tan desacreditado en las mujeres el sufrir un secreto, que se examinó en sufrir la muerte, para persuadir que le sufriría. ¡Oh, docto, y entonces religioso, desprecio de la salud! Para convencer Porcia a Bruto de que antes morirá que revele el secreto, se da la muerte antes, porque la pregunta lleve por fiador su fin. No quiso que en la promesa aguardase Bruto su constancia; quiso aguardar igualmente la muerte y el crédito de su marido. Muchas mujeres ha laureado la guerra, muchas ha consagrado a la inmortalidad la virtud de los gentiles; empero ninguna fue igual a Porcia, que reconoció la flaqueza del sexo, y no solo la desmintió, mas excediendo el ánimo varonil, fue a su marido mujer y sacrificio, dolor y ejemplo, y por acompañarle en el espíritu, despreció acompañarle en el tálamo. Bien reconoció Marco Bruto lo que tenía y lo que perdía, cuando, viéndola mortal, con estupor no pidió a los dioses le diesen vida, sino que fortunasen su intento de manera que le pudiesen juzgar digno de ser marido de Porcia. ¿Cómo podía dejar de efetuarse determinación asistida de un prodigio tan grande? Y aun fue pequeño precio de tan generosa muerte la vida de Julio César. Nueva causa para matarle dio a Bruto la muerte de su mujer. Era solamente castigo, y ya era venganza.

Oración de Porcia

—Saldrá mi sangre y mi alma —dijo Porcia— de mi cuerpo, mas no saldrá tu secreto; y si no se puede fiar secreto a mujer que no sea muerta, por merecer que me le fíes cuando no me le puedas fiar, me he dado la muerte. Más quiero merecer ser tu mujer, que serlo; mejor es dejar de ser mujer con la muerte, que ser mujer y no merecer serlo con la vida. Con esto nos acabará un cuidado a entrambos, pues yo te veo morir del que tienes, y yo muero del mismo, porque no le tengo. Yo no sé lo que padeces, y lo padezco porque no lo sé. Si alcanzares de días a tus cuidados, que a mí me alcanzan de días, vivirás más que yo, mas no mejor. Yo te perdono que ahora me tengas lástima, porque te quiero tanto, que solo sentiré que después me puedas tener invidia. No pidas mi salud a los dioses, ni la solicites en los remedios; que yo no quiero que la muerte que me da la constancia, me la estorbe la medicina. Más gloria te será haber tenido mujer que te haga falta, que tener mujer que te sobre. No te digo que vivas ni que mueras: vive si pudieres, y muere si no pudieres más. Oyola Bruto, y mezclando sus lágrimas con su sangre, pagó su valentía comunicándola el intento que la callaba y de justicia debía a su muerte. Porcia, reviviendo en el gozo de haberle merecido a su marido parte de su cuidado, y resucitando la voz caída por el desperdicio de la sangre, le dijo:

Segunda oración de Porcia

—Bruto, en nada tienes peligro: si matas, te debe tu patria su vida; si mueres, te debe por su vida tu muerte. Si ésta se sigue, me acompañarás como marido; si se difiere, me seguirás como amante. Yo ruego a los dioses que permitan que te aguarde a ti, y no a César; que tu amor y este secreto le llevo conmigo a los silencios del sepulcro. El pensar quiere tiempo, y lo pensado ejecución. Muchas cosas hay que no se dicen, y se derraman; porque lo que no se comunica, se sospecha. Nada es tan seguro como pensar lo que se ha de hacer, y nada es secreto si para hacer lo determinado se tarda en pensar, cuando el pensar es delito y la tristeza amenaza. Recátate del tiempo, que es parlero, y advierte que tales intentos se han de tener, y no se han de detener. Oyola Bruto con toda la alma, y compitiéndola en el semblante lo mortal, procuraba con suspiros sostituir la vida a Porcia, y se enterneció humanamente en la piedad de oficio tan lastimoso.

Texto

Estando ciertos que César había de hallarse en el Senado el día prefijo, determinaron poner en ejecución su intento con seguridad, por ser todas personas que asistiendo en él por obligación, no podían ser sospechosos. Persuadiéronse que, muerto César, la propia libertad que restauraban les granjearía por séquito a todos los demás poderosos y nobles, y que la defenderían con ellos. El lugar parecía divino, por elección del cielo misteriosa. Era un pórtico que junto al teatro tenía un espacio en que el pueblo romano había colocado la estatua de Pompeyo, decorando con los pórticos y el teatro aquel sitio, en el cual los idus de marzo se convocó el Senado, que pareció que algún dios, cuidadoso de la venganza, trajo a él a César para dar satisfacción a Pompeyo.

Discurso

Deseaba con ansia acelerada Bruto el dar la muerte a César, solicitado de lo mucho que le costaba por la muerte de Porcia. Deseaba que la muerte del tirano precediese a su muerte, por premio de su constancia, por venganza de su sangre y crédito del secreto que tan caro le costaba; y pues se dio muerte por saber lo que quería hacer, procuraba que antes de expirar supiese que lo había hecho. Las conjuraciones contra los príncipes son tan peligrosas como injustas: de más riesgo mientras se tratan que cuando se efetúan. Con alto seso cautelaron ésta Bruto y Casio, pues su ejecución la trataban solamente personas forzosamente asistentes al príncipe, que ni se pudiesen extrañar ni excluir, para que no tuviese que maliciar la sospecha. Todos eran consejeros, y era el consejo donde le habían de matar. No es solo César el príncipe que ha muerto a manos de sus consejeros. A más han muerto malos consejos que sus enemigos. En esto son parecidas las leyes a la medicina. Matan los médicos y viven de matar, y la queja cae sobre la dolencia. Arruinan a un monarca los consejeros malos, y culpan a la fortuna; y los unos y los otros son homicidas pagados. Mata el médico al enfermo con lo que le receta para que sane: destruye el consejero al señor con lo que le persuade para que acierte. Háblase solo de que mataron a César, porque se ven las heridas de los puñales, y no las de los pareceres. Así dicen que matan al que hieren; mas no dicen que matan al que curan. La diferencia es grande, mas no buena; porque a estocadas muere uno, y a malos consejos muchos, si no todos. ¿Cómo podía vivir un monarca que tenía por sus enemigos sus senadores? Antes me espanto cómo vive alguno, pues pocos los tuvieron por amigos. Dañoso es el consejo en el príncipe que no sabe temerle como tomarle. Es forzoso y necesario que el príncipe le tenga y le oiga, si le sabe descrifrar. Algo ha de tener más que sus consejeros el príncipe, si quiere que no le tengan los consejeros a él. Quien sabe recibir consejo, hace que se le sepan dar. Aquél es verdaderamente rey, que por sí sabe, con lo que determina en lo que le aconsejan, aconsejar a los que le consultan. Muchas cosas han acertado consejos admitidos, y no menos los desechados. Entiende César que viene a que le aconsejen, y viene a que le maten. Mucho deben temer los malos, en lo que olvidan, la memoria del grande Dios: ella en el castigo de los delincuentes sirve de fiscal para las circunstancias del pecado, No basta que muera César, sino que caiga muerto a los pies de la estatua de Pompeyo, a quien dio muerte. Siempre fue sumamente aborrecible a Dios la hipocresía. Holgose César de ver cortada la cabeza de Pompeyo, y fingió lágrimas; y desquitose la justicia divina desta maldad, con la circunstancia de arrojarle muerto a los pies del bulto del ofendido. Siempre gobernó el mundo el Dios solo verdadero, todo santo, siempre justo. Los errores de la religión fueron originados de la mente engañada de los hombres: ellos obraban como flacos; Él como justiciero. Con los dioses inducidos de la idolatría le pusieron nombres; mas no le quitaron el oficio. Tan cuidadosa estaba su providencia entonces como ahora; más ofendida, lo confieso; mas no menos ejercitada. Mata el tirano porque puede, y no se acuerda que puede y debe morir quien mata. Júzgase fuera del castigo, porque no se acuerda de quien le juzga. Si Julio César leyera, y no mirara a la estatua de Pompeyo, la temiera proceso y no la viera imagen: tuviérala por querella de bronce contra él, y no por adorno de su tribunal ni lisonja de su venganza.

Texto

Luego que amaneció, Bruto, con un puñal encubierto, salió de su casa, sin que otra persona que su mujer fuese sabidora de su intención. Los demás se juntaron con Casio, y trujeron a su hijo al foro a que tomase la toga viril. Desde allí se fueron todos al pórtico de Pompeyo, disimulando que aguardaban la venida de César. En esto principalmente se puede admirar la inmovilidad y constancia destos varones, pues muchos dellos, a quien por razón de la pretura tocaba juzgar, no solo daban benigna audiencia a los litigantes, como si tuvieran el ánimo desembarazado del peso de tan dificultosa empresa, sino que a los pleitos y causas que atentamente oían, con grande juicio daban respuestas disputándolas y decidiéndolas. Y como uno, rehusando pagar lo que por sentencia se le había mandado que pagase, clamase a César con grandes voces y porfiadamente, mirando Bruto a los circunstantes, dijo: «César no prohíbe ni prohibirá juzgar conforme a las leyes». Y de verdad en aquel día muchos riesgos y dificultades les opuso turbulenta la fortuna. Lo más principalmente fue la detención de César, que, como no pudiese sacrificar, temerosa le detenía su mujer, y congojados le contradecían los agoreros la salida de su casa en público.

Discurso

Las determinaciones grandes quieren que prevenga la prudencia propia a la malicia ajena. Hase de poner en el alma tan estrecha reclusión a los pensamientos, que no se les deje salida ni respiradero desde los sentidos a las potencias. Son parleros los ojos, y suelen las acciones del cuerpo ser chismes de la negociación del entendimiento. El que piensa divertido, suspenso dice lo que calla. Hase de imaginar de suerte, que por la tristeza no pueda el tirano imaginar que se imagina. El que sabe ser dos, en una acción se guarda las espaldas, con lo que finge, a lo que traza. Los tiranos son grandes estudiantes de los semblantes; y el pueblo, cuando reinan, espía con atención las señas exteriores, para descansar la curiosidad ansiosa sin riesgo. Nada se ha de mostrar menos que lo que se desea más. La hipocresía exterior, siendo pecado en lo moral, es grande virtud política. Llámola el viento de que se sustenta el camaleón del poder. Habían concurrido todos los conjurados a dar la muerte a César, y como si no atendieran sus ánimos a tan aventurado suceso, atendían con tal despejo a los pleitos que como pretores oían, que fuera de aquella ocupación no parecía que les quedaba otro hombre interior armado y prevenido. No solo no parecía que aguardaban a César, sino que no se acordaban que le había. En ningún tiempo el judaísmo ni la gentilidad pudo acusar a la providencia de Dios de poco solícita de la emienda de los malos. Es estilo de su justicia prevenir sus castigos con advertimientos y señales. Fueron muchas las que amonestaron a Julio César su muerte; empero a las culpas de asiento en el corazón del hombre, las más veces se añade otra peor, que es la dureza y la incredulidad, de que se fabrica la confianza, a cuyo cargo están las ruinas de los príncipes, las caídas de los poderosos y las desgracias de todos, porque la obstinación fue siempre, y lo será, autora de tragedias. Pocos meses antes deste día, como en la colonia Capuana (por la ley Julia) los vecinos cavasen los sepulcros antiguos para hacer heredades, y esto lo hiciesen con mayor afecto, persuadidos que hallarían tesoros, por algunos vasos que testificaban grande vejez, que envueltos en la tierra sacaban, hallaron una tabla de metal en el sepulcro en que se entendía estaba enterrado Capis, fundador de la Capua. Estaba en ella con letras griegas escrita esta advertencia: «En el tiempo que los güesos de Capis fueren descubiertos, sucederá que al descendiente de Julo, con sangrienta mano, darán la muerte sus deudos. Desta adivinación, porque no la tengan por mentirosa o fingida, es autor Cornelio Balbo, familiarísimo de Julio César». Hasta aquí son palabras de Suetonio. Mucho crédito dio la gentilidad en las amenazas, por venir a las palabras de los que se morían y a los escritos que se hallaban en las sepolturas; mas yo alguna sospecha tengo destas cosas que se descubren debajo de tierra; y más désta, cuando para irritar a todos contra Julio César, andaban los odios oponiendo coronas a las estatuas de César y cedulones en la estatua de Junio Bruto. Muchas cosas han achacado los invencioneros a los parasismos de los que expiran y a los monumentos de los difuntos. Sea verdad o no, grave autor lo escribe de la relación de un amigo de César, y debiera recelar este escrito, si no por profecía, por amenaza; y porfiar en el desprecio destas cosas, más es de necio que de constante. Escriben también que, pocos días antes deste día, los caballos que pasando el Rubicón había consagrado y dejado libres sin guarda, fueron hallados sin querer pacer, con pertinacia y llorando. Ya en Homero se leen llantos y lágrimas de caballos. No sería mucho que hubiese la Historia aprendido esta fábula de la poesía, o que los aduladores de César, que después de su muerte le hicieron dios, afirmando que su alma la vieron arder estrella, le añadiesen por adherentes de divinidad estos prodigios. Estando sacrificando Spurinna, arúspex, le amonestó que se guardase del peligro, que no pasaría de los idus de marzo. Otros escriben que éste era astrólogo y que lo advirtió por una dirección de su nacimiento de César. Para conmigo muy desautorizado crédito tiene la astrología judiciaria. Es una ciencia que tienen por golosina los cobardes, sin otro fundamento que el crédito de los supersticiosos. Es de la naturaleza del pecado, que todos dicen que es malo y le cometen todos. Es un falso testimonio que los hombres mal ocupados levantan a las estrellas. No niego que las causas superiores no gobiernan la naturaleza de la tierra, ni que de sus influencias dependa esta porción inferior. Mas con ella propia niego que sus aforismos tengan verdad, pues ni ellos son nivelados con alguna certeza, ni hay experiencia que no la desmienta. Con una propia posición de signos y planetas y aspectos, uno murió muerte violenta, y otro fue largos años fortunado. Y sin diferenciarse en algo, en una propia casa las estrellas son raramente verdaderas y frecuentemente mentirosas. Con evidencia probó esto, y sin respuesta, después de otros muchos doctos y religiosos escritores, Sixto ab Hemminga Frisio, en su libro, cuyo título es *Astrologiae, ratione et experientia refutatae*, demostrándolo en treinta nacimientos de treinta príncipes, reyes, emperadores y pontífices, cuyas vidas y muertes fueron ejemplo de sumas fortunas y miserias, observadas por Cipriano Leovicio, Jerónimo Cardano, Lucas Gáurico, grandes maestros de la astrología judiciaria. Y siendo así que toda ella es un temor forzoso y un consuelo inútil, y tan vana cuando es amenaza como cuando es promesa, ni a ella le faltarán secuaces ni a ellos aplausos. ¡Oh, ceguedad del hombre, que no sabiendo lo que es y olvidando lo que fue, quiere saber lo que será! No ignoro muchos casos extraños que se refieren de la astrología; mas como son en el mundo más antiguos los embusteros que los astrólogos, y en todo tiempo hubo credulidad y ignorancia y mentirosos, yo retraigo a la duda la calificación destos cuentos. Por esto aconsejaré a los príncipes dos cosas: la primera, que no los oigan; la segunda, que si los oyen, por la religión no los crean, y que por la prudencia no los desprecien; que con esto dotrinarán bien el error de haberlos oído. Un día antes, la ave llamada regaliolo, llevando un ramo de laurel y siguiéndola muchas aves de varios colores, entrándose en la curia de Pompeyo, fue dellas despedazada; y aquella noche que amaneció el día de su muerte, al mismo César le apareció entre sueños, que volaba sobre las nubes, y también que se daba las manos con Jove. Calpurnia, su mujer, vio como en visión que se caía lo más alto de su palacio y que en sus faldas mataban a su marido; y luego, de repente, se abrieron las puertas de su aposento. Concedamos que todo esto sucedió como lo escriben, persuadidos eran diligencias de la inmensa piedad de Dios para evitar en los conjurados el delito del homicidio, y en César para prevenirle la muerte. Hablolos por los agüeros que entonces oían; aconsejolos con las aves, con los animales, con los sepulcros, con los sueños, porque ni a César contra Dios le quedase queja de su muerte, ni a los matadores excusa de su delito. Por esto los monarcas deben cargar la consideración sobre los acontecimientos, considerándolos como prevenciones divinas, no como supersticiones humanas.

Texto

La turbación, segunda aquel día para los conjurados, fue que uno de los que no eran de la determinación, se llegó a Casca, que era de los confederados, y apretándole la mano derecha, le dijo: «Tú, Casca, nos has callado el secreto; mas Bruto nos le ha declarado todo». Y riéndose de la confusión y espanto con que se turbó Casca, añadió: «Dime, ¿de dónde has enriquecido tan presto, que te presumes edil?». Cerca estuvo Casca, engañado del hablar dudoso déste, de confesar el trato de todos. Y al propio Bruto y a Casio, Popilio Lena, varón del orden senatorio, hablándoles inclinado al oído, les dijo: «Yo deseo por vosotros que ejecutéis con las manos lo que tenéis cerrado en los corazones; yo os aconsejo que no lo dilatéis, porque el silencio dura poco». Y habiendo dicho esto, se fue, dejándoles grande sospecha de que su determinación estaba descubierta. En esto vino un criado de su casa de Bruto, desalentado, a decirle que su mujer estaba expirando. Porcia, aumentando con el cuidado del peligro de su marido la herida, no sosegaba; y a cualquier rumor pequeño que oía, preguntaba por Bruto y qué hacía. Con estas ansias diferidas la dio un desmayo que, no pudiendo tenerse en pie, entre sus criadas cayó sin algún sentido, tan mortal en la color y falta de voz y respiración, que juzgándola por muerta las mujeres que la asistían, mezclaron los llantos en un rumor desconsolado y lastimoso, de que se ocasionó decir los que le oían que Porcia era muerta; y llegando esta nueva, Bruto, no la creyendo, con ánimo invencible, no quiso dejar el negocio público por el suyo, aunque le era de tan inmenso dolor.

Discurso

En los grandes movimientos de las repúblicas y reinos hacen oficio de adivinos los desocupados maliciosos, y de astrólogos los mal contentos que atienden. No todo lo que se calla y se descubre es falta de secreto, sino muchas veces sobra de malicia ajena. Por eso conviene prevenirse los movedores de las facciones de recato prudente y mudo, y desentenderse de las palabras equívocas con que los curiosos preguntan y espían, dando a entender que saben lo que desean saber. Casca titubeó, y con la turbación de lo que oía parló mucho de lo que callaba. Empero Bruto y Casio, con duplicada advertencia, oyeron a Popilio Lena, encubriéndole tanto la sospecha con que los dejaba, como lo que hacían; y no por el riesgo que se les presentó desmayaron su determinación. Tan conjurados estaban contra su propio peligro como contra César. Oyó Bruto la nueva de que su mujer era muerta y negose a su dolor por asistir al público. No matará al tirano el que primero no decretare su muerte que la del tirano. Tan honrada como sabiamente se detuvo Bruto; porque si, como decían, Porcia era muerta, no podía resucitarla, y si pasaba la ocasión, no era posible restituirla. Tuvo por más fina y autorizada demostración vengar su muerte con la de César, que llorarla con los ojos, que a pesar de sus sentimientos mostraba enjutos.

Texto

Estaban sospechosos algunos de que César estaba ya cansado de vivir y que deseaba no tener salud tan achacosa, y que por esto no hacía caso de lo que le amonestaban los agüeros, y menos de lo que le decían los amigos. Algunos juzgan que (neciamente confiado en aquel postrero Senado) no quiso que le acompañase aquel día la guarda española, que con cuchillas desnudas le asistía. Otros dicen que muchas veces afirmó quería más padecer una vez las asechanzas que le amenazaban, que temerlas cada día. Y no faltó quien refiriese que le oyó decir que a la república misma importaba su vida y su salud, que él harta gloria había adquirido, y que si le sucediese algo, que la república no tendría quietud, y que en algún tiempo con mayor desdicha padecería guerras civiles. Convencido destas razones, determinó ir al Senado aquel día tan contradicho de todos y, finalmente, porfiado de Décimo Bruto, que le decía que no era razón dilatar los negocios. A la quinta hora salió de palacio, habiendo determinado no decidir algún caso, disculpándose con la poca salud, por causa de no haber podido sacrificar: agüero que le atemorizó algo. Díjose luego que César venía ya en la litera; y en el camino, a vista de Bruto y Casio, Popilio Lena, el que los había saludado como sabidor de la conjuración, hizo parar la litera, y atendiendo cuidadosos los dos, se detuvo hablando con César en secreto grande rato; y no oyendo la plática Casio ni Bruto, sospechando que sería darle noticia de sus intentos, algo se cayeron de ánimo. Y como Casio y otros, recelosos desta plática, empuñasen las espadas, conjeturando Bruto de las acciones de Popilio que le pedía por sí alguna cosa con vehemencia, y que no los delataba, desengañado, los aseguró a todos de la sospecha que los aceleraba. Poco después, Lena, despidiéndose de César, le besó la mano, declarando con las postreras palabras que le había pedido alguna merced para sí. Pasó adelante, y un ciudadano le dio un memorial en que iba declarada la conjuración, con los nombres de todos los conjurados, y le dijo: «César, lee ese papel, que te importa». Él, llevando los demás memoriales en el puño, éste, para acordarse de leerle, se le puso entre los dedos, y divertido con la instancia de la gente, no le leyó. Cerca del Senado vio pasar a Spurinna, y acordándose de su pronóstico, le dijo en voz alta: «Spurinna, hoy son los idus de marzo»; y Spurinna le respondió: «Hoy son, pero no han pasado». Todo esto oían los que esperaban a hacer verdadero a Spurinna y aciagos los idus de marzo.

Discurso

Matarse por no morir es ser igualmente necio y cobarde. Es la acción más infame del entendimiento, por ser hija de tan ruines padres como son ignorancia y miedo: dos vicios en cuyo matrimonio no se ha visto divorcio, pues quien tiene miedo ignora, y quien ignora, tiene miedo. Solo deseo saber dónde halla el valor para matarse quien no le tiene para aguardar que le maten. Sospecho que ésta es hazaña del temor, que también sabe dar heridas y ensangrentarse. Más son los que han muerto en las batallas a miedo que a hierro, y no son pocas vitorias las que ha alcanzado el temor por desesperado, no por valiente. Esto, con la experiencia, aviso a la sagacidad del vitorioso a contentarse con la fuga del contrario. De aquí se colige que el miedo se hace temer y que en el cobarde que huye suele ocasionar vitoria el vencedor que le sigue. Mejor se puede disculpar el que se muere de miedo que el que de miedo se mata, porque allí obra su culpa la naturaleza, y en éste, con delito y culpa, el discurso apocado y vil. Contra toda razón celebran por gloriosos a los que se dieron muerte por no venir a poder de sus enemigos, sin ver que su pusilanimidad hace en ellos cuanto pudiera hacer la insolencia del contrario. Necio ahorro es el del miedo. Dase Catón la muerte porque César no se la dé; si fue por esto, él fue en sí propio vencido, y justificado, y verdugo, y venganza y vengador de César. Si lo redujo a la arismética de la cobardía, y juzgó por muchas muertes muchos días de vida sujetos, y quiso antes una que muchas, quien se confiesa medroso de vivir sujeto, ¿cómo calificará el matarse de miedo de no sujetarse? Confiésase indigno de las defensas del sufrimiento invencible, despreciador de calamidades. El sufrimiento y la paciencia son los valentones de la virtud. No padece la fortuna ultraje de otros, desaliéntanse en ellos los castigos, cánsase en su perseverancia la crueldad. Julio César, viéndose combatido de sueños, advertencias, pronósticos y agüeros, se dejó al peligro, queriendo más padecerle una vez que temerle muchas, sin advertir que muchos recelos antes estorban la muerte que la ocasionan. Dictábale estas palabras a César la persuasión de su conciencia, por usurpador del Imperio. Más se condenaba por lo que sabía de sí, que por lo que sabía de los otros. Tratábase como a tirano, y el no querer que le acompañase la guarda de españoles no fue temeridad, sino conocimiento de que al delincuente no le defiende la guarda, sino la emienda. Sabía que al que quieren matar, los que le guardan le acompañan la muerte, no se la estorban; y cuando saben de quién habían de guardar al príncipe, ya no tienen príncipe que guardar; porque del matador solo da noticia el ya muerto, y cuando no bastan a la defensa del difunto, atienden a la prisión del homicida. César, por su discurso, desconfió de la defensa de su vida, y por su tiranía, del castigo de su muerte; y así, ni fue temeridad ni valor, saliendo, dejar la guarda. Muy esforzada borrasca padecía su imaginación, pues desta temeridad le pasaba a una confianza tan vana como decir: «Que su conservación a quien más importaba era a la república». ¡Oh, cuán inadvertidamente se aseguran riesgos particulares en conveniencias comunes, y más cuando la conveniencia de muchos se funda en el daño de uno! ¿Quién fue tan necio que su salud se persuadiese importaba tanto a otro como a él? En esto confesó César los delirios de su estimación propia, que es y será el tósigo de todas las prosperidades. Parece que César iba haciendo lugar a sus enemigos, y desembarazándoles su determinación. Todos estaban obstinados: César en llegar a morir, a pesar de toda la naturaleza; los conjurados a matarle, a pesar de tantos sobresaltos y sustos, pues no desconfiaron sus secretos de la larga conversación recatada de Popilio Lena con César. Díjole su mujer que no saliese, mandóselo el sueño, amonestáronselo los agoreros, amenazole el astrólogo, y a nadie creyó; guardando el crédito para Décimo Bruto, uno de los conjurados, que le dijo que saliese. Séame lícito afirmar que César fue el primero, y el postrero y el peor conjurado contra sí; y que si él no lo fuera, no tuviera efeto la conjuración. Los monarcas más peligran en lo que creen que en lo que dudan; porque esto aguarda el consejo que busca, y aquello sigue el que le dan. Bien desenfadada se mostró la sospecha de César, cuando al entrar en el Senado, y viendo a Spurinna, astrólogo, que le había amenazado, le dijo: «Spurinna, hoy son los idus de marzo». Parece que se enfadaba César de la pereza de su desdicha. Siempre quien se burló de su peligro, se halló burlado dél. Bien constante y prodigosa fue la respuesta de Spurinna: «Hoy son los idus, mas no han pasado». Extraño divertimiento fue no reparar en estas palabras, en que hoy repara con temor el que las lee. Empero esto no fue tan digno de admiración como tomar el memorial, en que otro le dio noticia de la conjuración nombrando los conjurados, y diciéndole «que le leyese luego, que le importaba»; y cuidadoso César, para diferenciarle de los demás memoriales que llevaba en la mano, le puso entre los dedos, y entró en el Senado, sin leerle. Claramente se ve que en este caso se juntó a la flaqueza del hombre la providencia de Dios. ¿Quién podía esperar que quien no había dado crédito a las aves, ni a los animales, ni a los sepulcros, ni a las estrellas, ni a los sacrificios, ni a la religión, le había de dar a un particular? Aquí se conoce cuán flaco de memoria es el pecado: tiene César en su mano su vida, y la olvidó; tiene en la ajena la muerte, y la busca. En nuestra mano nada se logra: en la de Dios nada se pierde. Pocas veces son dichosos los avisos saludables en poder de los tiranos.

No es nuevo en ellos tomar el buen advertimiento para olvidarle, ni poco antiguo perderse por haberle olvidado. Canas tiene el divertir a los príncipes para que no lean lo que les importa. Faltole tiempo a César para leer, y faltole la vida por no haber leído. Justo es que quien difiere a otro tiempo su remedio, no alcance remedio ni tiempo.

Texto

Entró César en el Senado, y luego le cercaron todos, fingiendo querían consultarle algunos negocios. Allí se dice que Casio, volviendo la cara a la estatua de Pompeyo, le pidió favor; y Trebonio, con malicia, divirtió a Antonio, y le detuvo fuera de la puerta de la Curia, porque no entrase.

Discurso

Tanto importa saber escoger el lugar para la ejecución de una maldad, como el secreto. En todo fue grande la habilidad de esta traición, pues supo escoger personas y sitio. Algunos fueron de parecer que embistiesen a César en la calle, otros en su casa. Éstos eran consejos de la ira, no del discurso. Marco Bruto, que como cabeza pensaba por todos, resolvió que fuese en el Senado, diciendo: Que de matarle en las calles o en otra parte podía resultar fácilmente su ruina, porque la dignidad del príncipe tenía grande séquito, y su valor muchos devotos, y su persona muchos apasionados; y que a todos éstos, que eran muchos y poderosos, la muerte violenta encendería en compasión piadosa, siendo informados por la vista, del horror, de la sangre y de las heridas. Que el pueblo en los sucesos repentinos y públicos sigue al primer grito, y da el oído, por donde se gobierna, al que antes se le ocupa. Que aun los enemigos y quejosos y castigados del propio César, por mostrarse generosos y humanos, o serían neutrales, o seguirían (por su seguridad) a la mayor parte; porque en casi todos los rencores la enemistad tiene por orilla la muerte del que aborrece; y que en esta confusión grande y forzosa no podría ser oída su razón ni las causas de ella. Que todos los que no habían sido en ello quejosos de que habían desconfiado de su secreto y su valor, habían de ser sus enemigos, y que serían los quejosos séquito y aclamación de César. Que era locura fiarse en que por ser en utilidad de todos el librar la patria del tirano, lo seguirían todos con aplauso; pues habían visto que infinitos, de los mejores y más valientes de la patria, le habían asistido a hacerle tirano por el hierro y por el fuego; y que todos éstos tenían hoy su medra en su conservación, y que sería difícil delante del cuerpo de César despedazado persuadir, tan pocos a tantos, que era celo y no invidia la que los movía, y era fácil recelar peor tiranía de los matadores; porque es condición del pueblo aborrecer al que vive, y echar menos en muriendo: siendo así que las alabanzas y los elogios magníficos solamente los merecen las desdichas y la sepoltura. Que se debían temer mucho los llantos de las mujeres, de cuyos afectos dependen las determinaciones de los hombres. Y afirmó que estas empresas se debían ejecutar en parte que antes se supiese la causa que la muerte; que oyesen que estaba muerto, y que no le viesen difunto. Que para conseguir esto, y evitar los inconvenientes referidos, el lugar solamente a propósito era el Senado, y las personas solamente convenientes los senadores; porque el lugar autorizaba el suceso, y las personas, como padres de la patria, le calificaban; y que saldría el homicidio, en el razonamiento, más venerable que lastimoso, y su atención desembarazada de piedades desordenadas y de conmiseraciones plebeyas, y que reverenciarían por misterio la crueldad. Convencidos desta dotrina, determinaron se cometiese la muerte en el Senado. No escribo estas razones para dotrinar conjuras, sino príncipes, porque reinen advertidos del lugar y de las personas en que solamente sus peligros se logran. No tienen culpa las hojas de la salvia llenas de virtudes, de que muera el que las traga, sino el sapo, que las envenena; y por eso es el peor de los animales, porque busca lo mejor para hacerlo malo. No serán culpables las hojas de mi libro en la rabia del basilisco que las leyere, sino el contagio de sus ojos, que miran con muerte; ni acusará estas razones sino aquel que sintiere que yo descubra en advertencia lo que secreto podía él obrar en tósigo. Sepan temer las leyes, y sabrán vivir. No les da veneno quien no les da de beber, no los hiere quien está apartado, no los engaña quien no los aconseja: el campo de su batalla es su palacio. Sé que algún furioso se ha atrevido a dar muerte a su príncipe en la calle, empero sé que es alguno. Mas también sé que no hay alguno que pueda contar los monarcas que han muerto a mano de sus confidentes, y cuántos hijos han hecho herederos los criados de sus padres. César vivió en las batallas, donde se muere. César murió en el Senado, donde se vive. Pues los reyes y emperadores toman de César el nombre, no dejen el ejemplo y el escarmiento. ¡Notable acción fue la de Casio, mirar la estatua de Pompeyo y pedirla ayuda! Ésta fue idolatría de la ira, al agravio. Persuádase el que hace morir a otro, que podrá derramar su sangre, mas no acallarla. La estatua de Pompeyo muerto era en el Senado el ídolo de los agresores de César. No hubo César entrado en el tribunal, cuando le rodearon todos con achaque de negocios fingidos. No habían entrado ellos a perder tiempo, sino a quitárselo a César y gozarle. Habían excluido de la conjuración a Marco Antonio, si bien era hombre en cuyo ardimiento antes se cansaban los trabajos, que le cansaban: nacido a la guerra, bien afortunado en las armas, y por esto singularmente favorecido de César, que fue la primera causa de excluirle del trato y conspiración. Sabían que Antonio fue causa de las inobediencias de César, cuando no quiso dejar las armas; pues siendo tribuno de la plebe por las dádivas de Curio, no queriendo el Senado leer las cartas que César escribía por la prorrogación de su cargo, él osó leerlas concitando el pueblo. Y viendo que Lépido y Catón refutaban las nuevas condiciones que se proponían por los amigos de César, se fue arrebatadamente con Quinto Casio adonde estaba César, y con gritos sediciosos le exhortó a la tiranía. Movioles asimismo a no darle parte el ser Marco Antonio temerario y ambicioso, amigo de novedades, asistido de malas y bajas costumbres, deshonesto con publicidad, bebedor con infamia de su juicio, compañero de rufianes y alcagüetes y bufones, protector de facinorosos y delincuentes, y todo su espíritu una población de distraimientos y escándalos. Por esto no solo recataron dél sus disinios, mas con providencia trataron que Trebonio este día le entretuviese en palabras a la puerta, porque no entrase en el Senado. Y si bien todos fueron de parecer que con César debían dar muerte a Antonio, Marco Bruto lo contradijo severo, diciendo no convenía extender el cuchillo a otra vida que a la del tirano, porque no se difamase la acción con señas de guerra civil o venganza. Ésta fue la primera, si no la mayor necedad del discurso de Bruto, pues ignoró que de las acciones violentas la calificación está en la seguridad, y que ésta la da antes el extremo que el medio. Persuadiose que muerto César seguiría su partido Antonio, sin advertir que era mejor que siguiera a César en la muerte, que esperar que los siguiera en su opinión. Cierto era que pues ayudó a otro a usurpar la libertad de la patria, para lo propio no se desayudaría a sí mismo; y por esto fuera más seguro matarle que detenerle.

Texto

Tenían cercado a César con achaque de negociar, y entre todos Tilio Cimbro le rogaba por un hermano suyo desterrado. Y por llegarse con buen color, valiéndose todos los otros de la ceremonia del ruego, pidiéndole lo propio le tocaban los pies y el pecho, le asían de las manos, y con besos le tapaban los ojos. César despidió la intercesión, y embarazado con las ceremonias, se levantó para librarse dellas por fuerza. Entonces Tilio Cimbro con las dos Manos le quitó la toga de los hombros, y Casca, que estaba a sus espaldas, sacando un puñal, el primero le dio en un hombro una herida pequeña. Y asiéndole de la empuñadura César, exclamando con alta voz, dijo en latín: «Malvado Casca, ¿qué haces?». Mas en el griego pidió a su hermano que le socorriese. Y como ya fuesen muchos los que le acometían a César, y mirando a todas partes para defenderse, viendo que Bruto desnudaba la espada contra él, soltó la mano y el puñal de Casca, que tenía asida; y cubriéndose la cabeza con la toga, dejó su cuerpo libre a los homicidas que, turbados, arrojándose unos sobre otros a herir a César y acabarle, a sí propios se herían. Y Bruto, dándole una herida, fue herido de sus propios compañeros en una mano, y todos quedaron manchados de la sangre de César, y César de alguna dellos.

Discurso

Los que para hacerle aborrecible le añadieron corona, dignidad y poder, para matarle le prendieron con la adoración, le cercaron con las reverencias, y le cegaron con los besos. Más homicidas fueron aquí los abrazos que los estoques. Debo decir que sin aquéllos no lo supieran ser éstos. Bien puede haber puñalada sin lisonja, mas pocas veces hay lisonja sin puñalada. Pocos tienen a la adulación por arma ofensiva, y menos son los que no la padecen. Es matador invisible a la guarda de los monarcas; éntrales la muerte por los oídos, envainada en palabras halagüeñas. Las caricias en los palacios hacen traiciones y traidores; y cuando son menos malas, son prólogos de la disimulación. Tan desnuda anduviera la mentira como la verdad, si la lisonja no la vistiera de todos colores. Es la tienda de todos los aparatos del engaño, de todos los trastos de maldad. En ella halla espadas la ira, máscaras el enojo, caras la traición, novedades el embeleco, disfraces la asechanza, joyas el soborno, galas y rebozos la ambición, la maldad puestos, y la infamia caudal. Humillábanse éstos a César para derribarle; llegábanse a él para apartarle de la vida; llevábanle en los abrazos las heridas, y en los besos la ceguera. Hallose tarde embarazado; levantose en pie para desviarlos por fuerza. Mal apartan de sí los príncipes el peligro doméstico: es fácil no ocasionarle; y ocasionado, es imposible el huirle. Determinarse tarde al remedio del daño, es daño sin remedio. En tanto que estuvo sentado, se le arrodillaron; en levantándose, se levantaron para derribarle. Quitole Tilio Cimbro la toga de los hombros, y luego Casca el primero le dio por las espaldas la primera puñalada. Rey que se deja quitar la capa, da ánimo para que le quiten la vida. Los que cara a cara le desnudan, dan la señal a los que están detrás para que le maten. Esta primera herida, que dice Plutarco que no fue de peligro, fue la mortal, con ser la primera, pues dio determinación a las otras. Quien empieza a perder el respeto a los reyes, los acaba por todos los demás que le siguen. Es reo de lo que hace y de lo que hace que hagan. Asió César a Casca la mano con el puñal por la guarnición, y con grande voz le dijo en latín: «Malvado Casca, ¿que haces?». ¡Oh ceguedad de los tiranos! ¡Ven al que los desnuda delante, y al que los hiere detrás, y pregúntanles lo que hacen! Quien pregunta lo que padece, con razón padece, y sin remedio, lo que pregunta. No puede ser mayor ignorancia que preguntar uno lo que ve. Éste es el riesgo de los monarcas, que ni conocen los matadores cuando los matan, ni la muerte estando muriéndose. Tiene César en la mano la empuñadura de la espada que le hirió, y la punta en la espalda, y pregunta gritando al homicida lo que hace, habiéndoselo dicho el golpe y la sangre. Achaque es de la majestad descuidada preguntar al que le destruye, y no creer al que le desengaña. Si los reyes preguntaran a sus heridas, y no a los que se las dan, tuvieran noticia de su defensa. César volvió a mirarlos y vio que todos con las espadas desnudas juntos le embestían; mas, viendo que con el puñal desenvainado le acometía Marco Bruto, cubriéndose la cabeza con la toga, se dejó a la ira de los enemigos. Suetonio escribe que le dijo en griego: «Y tú entre éstos? ¿Y tú, hijo?». ¡Qué mal atenta, y cuán desacordada es la hora postrera de los tiranos! Todos o los más acaban diciendo requiebros a quien los mata. ¿Qué otra cosa puede suceder al que llega con su pecado hasta su muerte? Era Marco Bruto su pecado, hijo (así lo entendía César) de su adulterio; ¡y admírase de que un hombre pariente de su delito esté entre los que le hieren, y llama hijo al que es cabeza de los conjurados contra él! Defendiole, como se ha visto, en la rota que dio a Pompeyo en Farsalia, llamole a sí desde Larisa, abrazole en llegando a su real, perdonó por él a Casio, diole gobiernos, arrimole a sí en el Senado; ¡y espántase de que esté con los que él propio le juntó, y de verle donde le había entrado! Mire el príncipe a quién acerca a sí y a quién se acostumbra; porque esto es en su mano, y no el remedio desto. Luego que vio a Bruto contra su persona, desamparó su defensa. En esto mostró buen conocimiento, aunque tardo, pues se dio por muerto sin remedio cuando vio armada contra sí a la ingratitud. Cubriose la cabeza: lo propio hizo Pompeyo cuando vio irremediable su muerte en la espada traidora de Achilas. Era ésta una superstición de los gentiles para que no viesen con las ansias naturales fea los enemigos su muerte. Llegaba el punto de su valentía hasta no querer que viese alguno los sentimientos forzosos del cuerpo ni los ademanes del fin de la vida. Pondera Suetonio que cuando cayó, por caer decente se cubrió con la propia toga los pies. Advertencia para caer bien y para morir a oscuras, no es advertencia del juicio, sino circunstancia del yerro. Mejor es mirar por los pies para que no caigan, que dejarlos caer y mirar porque no se vean. Cubrirse de pies a cabeza con la toga, fue hacer la toga mortaja. Cuidar de menudencias para después de muerto, y no de los riesgos para no morir, quiere ser piedad, y no sabe; quiere parecer advertencia, y no puede: pretendió ser recato honesto, y quedose en melindre castigado.

Texto

Muerto César en la forma que hemos dicho, Bruto, poniéndose en medio de todos, por verlos turbados, intentó con razones detenerlos y quietarlos; mas no lo pudo conseguir; porque, despavoridos y temblando, huían, y en la puerta a la salida se atropellaban unos a otros sin orden, no siguiéndolos ni amenazándolos alguno.

Discurso

No hay cosa tan disimulada como el pecado. En la noche que le sobra, con que ciega sus fines, oscurece los sentidos y potencias de sus secuaces. Es lumbre de lanterna, que turba y deslumbra a quien la mira y pone en ella los ojos; es luciérnaga que, mirada de lejos, se juzga estrella, y acercándose y asiéndola, se halla gusano que se enciende en resplandor con la oscuridad, y se apaga con la luz. Todos estos engaños resplandecientes puso la culpa en ejecución con Marco

Bruto y con los conjurados. Acreditoles la determinación, persuadioles el séquito, escogioles el lugar, dispúsoles la traición, llegoles la hora, entregoles a César, desnudó sus puñales, derramó la sangre y la vida del príncipe, y calloles la turbación que les guardaba por haberla derramado. Ninguno ve la cara de su pecado, que no se turbe. Por eso, cauteloso, no la descubre él cuando le intentan, sino cuando le han cometido. Para introducirse en la voluntad, que solo quiere lo bueno, y lo malo debajo de razón de bueno, se pone caras equívocas con las virtudes. Es el pecado grande representante: hace, con deleite de quien lo oye, infinitas figuras y personajes, no siendo alguno dellos. Es hijo y padre de la hipocresía, pues primero para ser pecado es hipócrita, y es hipócrita luego que es pecado. En el mismo instante que los conjurados empezaron a dar la muerte a César, se turbaron de suerte que por herirle se hirieron unos a otros. Sola esta (llamémosla así) justificación, tiene la culpa, que siempre reparte con los delincuentes el mal que les persuade que hagan a otro. Aquí se conoce que la pena del mal empieza del malo que le hace. Tanta sed tiene el cuchillo de la sangre del propio matador, como de la sangre del que mata: bien pudiera decir que tiene más sed y más justa. Ellos determinaron de herir a César solo, y su delito determinó que se hiriesen ellos. Viéndolos turbados y viéndose herido, quiso Bruto sosegarlos con razones y orar; mas, como el temor del pecado empiece ciego y acabe sordo, se halló sin oyentes; porque, atentas sus almas al razonamiento interior de sus conciencias, poseídas de horror, derramando frío temeroso en sus corazones, temblando, y con ímpetu desordenado por salir del Senado unos antes que otros, se embarazaban en la puerta su propia fuga. Aquí se vio claramente la arquitectura engañosa de las fábricas de la maldad: tienen la entrada fácil y la salida difícil; es muy embarazoso el bulto del pecado: éntrase con desahogo a pecar, y en pecando, se ahoga el hombre en las propias anchuras. Bien cabe el hombre por cualquiera entrada; mas el hombre en quien cabe el pecado, no cabe por ninguna salida. Grande arma ofensiva de los agraviados es la culpa de quien los agravió. Los que mataron a César, por matarle, unos a otros se hieren; por librarle, unos a otros se estorban; porque la muerte propia del difunto empezaba a pelear con ellos mismos contra ellos.

Texto

Arrastrados del miedo, con gran escándalo ensangrentados, y los puñales desnudos, huyeron todos, y de su entierro, Antonio pedía que se leyese en Marco Antonio, temeroso y mudándose el vestido, se escondió. En llegando al Capitolio los matadores, llamaron el pueblo a la libertad. Luego se concitaron grandes clamores, y los discursos diferentes confundieron la ciudad en tumulto suspenso. Mas luego que supieron no se había cometido otra muerte sino la de César, que no se saqueaba la ciudad, que la acción era sin venganza ni cudicia, muchos de los populares y de los nobles y magistrados acudieron al Capitolio con alegría; y en viéndolos juntos, Marco Bruto oró con palabras blandas y eficaces, para calificar las causas de aquel hecho. Y convencidos de sus palabras, todos con voces de aplauso le pidieron que saliese. Él, confiado en esta aprobación y séquito, salió con todos, siguiéndole los demás, no despojados de recelo; y acompañando grande cantidad de los más principales de la ciudad (como en triunfo) a Bruto, desde el Capitolio le trajeron a los Rostros. El pueblo reverenció la presencia de Bruto, y en lo venerable de su aspecto detuvo el ímpetu, obediente a la inquietud de las novedades; y contra el orgullo natural de la multitud junta, oyeron su razonamiento con grande silencio.

Discurso

Grave delito es dar muerte a cualquier hombre; mas darla al rey es maldad, execrable, y traición nefanda no solo poner en él manos, sino hablar de su persona con poca reverencia, o pensar de sus acciones con poco respeto. El rey bueno se ha de amar; el malo se ha de sufrir. Consiente Dios el tirano, siendo quien le puede castigar y deponer, ¿y no le consentirá el vasallo, que debe obedecerle? No necesita el brazo de Dios de nuestros puñales para sus castigos, ni de nuestras manos para sus venganzas. Huyeron estos homicidas al Capitolio por asegurarse, y entran en el Capitolio consigo en su delito su persecución. La sangre de César, que llevaban en sus manos, les iba retando de traidora la de sus venas. Llamaron, para ampararse con buen nombre, al pueblo a la libertad, palabra siempre bienquista de la multitud licenciosa. Y Marco Bruto, conociendo por los semblantes de los que habían concurrido, que la hacían buena acogida, descubriéndose animoso, dijo:

Oración primera de Bruto

—Pueblo romano: Julio César es el muerto; yo soy el matador: la vida que le quité es la propia que él había quitado a vuestra libertad. Si en él fue delito tiranizar la república, en mí ha de ser hazaña el restituirla. En el Senado le di muerte, porque no diese muerte al Senado. A mano de los senadores acabó; las leyes armadas le hirieron: sentencia fue, no conjuración. César fue justiciado, y ninguno fue homicida. En este suceso solo podrán ser delincuentes los que de vosotros nos juzgaren por delincuentes. Yo no retraje al Capitolio mi vida, sino estas razones; porque, en habiéndolas oído, os agraviara si os temiera. Siguió estas palabras un largo aplauso de la gente, y con voces agradecidas le pidieron que se viniese con ellos a gozar por la ciudad las alabanzas que merecía. Fiose Marco Bruto destas demostraciones y fuese acompañado de todos a los Rostros, donde ya habían concurrido en diferentes tumultos todos los ciudadanos de Roma. Pareciole era conveniente informarlos allí, con más larga oración, en esta manera:

Oración segunda de Bruto

—Ciudadanos de Roma: las guerras civiles, de compañeros de Julio César os hicieron vasallos; y esta mano, de vasallos os vuelve a compañeros. La libertad que os dio mi antecesor Junio Bruto contra Tarquino, os da Marco Bruto contra Julio César. Deste beneficio no aguardo vuestro agradecimiento, sino vuestra aprobación. Yo nunca fui enemigo de César, sino de sus disinios; antes tan favorecido, que en haberle muerto fuera el peor de los ingratos, si no hubiera sido el mejor de los leales. No han sido sabidoras de mi intención la invidia ni la venganza. Confieso que César, por su valentía y por su sangre, y su eminencia en la arte militar y en las letras, mereció que le diese vuestra liberalidad los mayores puestos; mas también afirmo que mereció la muerte, porque quiso antes tomároslos con el poder de darlos, que merecerlos: por esto no lo he muerto sin lágrimas. Yo lloré lo que él mató en sí, que fue la lealtad a vosotros, la obediencia a los padres. No lloré su vida, porque supe llorar su alma. Pompeyo dio la muerte a mi padre, y aborreciéndole como a homicida suyo, luego que contra Julio en defensa de vosotros tomó las armas, le perdoné el agravio, seguí sus órdenes, milité en sus ejércitos y en Farsalia me perdí con él. Llamome con suma benignidad César, prefiriéndome en las honras y beneficios a todos. He querido traeros estos dos sucesos a la memoria, para que veáis que ni en Pompeyo me apartó de vuestro servicio mi agravio, ni en César me granjearon contra vosotros las caricias y favores. Murió Pompeyo por vuestra desdicha; vivió César por vuestra ruina: matele yo por vuestra libertad. Si esto juzgáis por delito, con vanidad le confieso; si por beneficio, con humildad os le propongo. No temo el morir por mi patria, que primero decreté mi muerte que la de César. Juntos estáis, y yo en vuestro poder: quien se juzgare indigno de la libertad que le doy, arrójeme su puñal, que a mí será doblada gloria morir por haber muerto al tirano. Y si os provocan a compasión las heridas de César, recorred todos vuestras parentelas, y veréis cómo por él habéis degollado vuestros linajes, y los padres con la sangre de los hijos, y los hijos con la de sus padres, habéis manchado las campañas y calentado los puñales. Esto, que no pude estorbar y procuré defender, he castigado. Si me hacéis cargo de la vida de un hombre, yo os le hago de la muerte de un tirano. Ciudadanos: si merezco pena, no me la perdonéis; si premio, yo os le perdono. Serenó este razonamiento los ánimos de suerte, que, fervorosos, pasaron de la ira al arrepentimiento; y llamándole padre de la patria, pedían que a Bruto y a los suyos fuesen concedidos honores y dedicadas estatuas.

Texto

Si bien aplaudieron al decir de Bruto, presto mostraron que su discurso no había agradado a todos; porque, como poco después Cinna en público empezase a maldecir a César y a gritar oprobios contra él, acusándole con desvergüenza, se enfureció el pueblo, y arremetieron a despedazarle por insolente, y lo hicieran si no se ocultara en el concurso. Por este accidente temeroso, con Marco Bruto se volvieron a retirar al Capitolio los conjurados, adonde, recelando Bruto que le sitiasen, despidió todos los que le seguían, porque él y sus compañeros no padeciesen, siendo inocentes del hecho.

Discurso

Ninguna acción a que atienden muchos la aprueban todos; porque adonde asisten malos y buenos, no es posible la concordia y es forzosa la diferencia. Es violenta siempre la vitoria, porque la da la mayor parte: vence el número y no la razón. Este riesgo tienen las juntas populares, que las convoca el primer grito y las arrebata cualquiera demostración. En ellas tiene más parte el que se adelanta que quien se justifica. Oyeron todos a Marco Bruto; y aunque no aprobaron todos su razonamiento, por haber sido modesto para el difunto y reverente para los oyentes, sin demasía ni oprobio del muerto, los apasionados de César, acallando su opinión con el silencio, siguieron a los que seguían el parecer de Bruto; mas luego que el imprudente y envilecido Cinna con abominables palabras empezó a deshonrar con oprobios el cadáver de César, los que habían callado a Marco Bruto, con justo furor se declararon contra Cinna y los conjurados. Era Cinna falsario de virtudes, hablador y embustero. Tenía su medra en la eminencia de las maldades; no tenía vergüenza sino de que otro fuese peor, y fue tal, que nunca pudo tener vergüenza. Su oficio era acusar a los buenos, sin perdonar a los malos; a aquéllos, porque le eran contrarios; a éstos, porque no le fuesen competidores. Su cobardía era infame; su invidia aun no tenía por límite la miseria, ni su venganza la muerte. No se defendía della el invidiado con dejar de ser, porque alimentaba su rabia en procurar (siendo imposible) que no hubiese sido. En ninguna edad ni en algún suceso han faltado hombres destas costumbres: dícenlo las desdichas y afrentas de las monarquías, que no sucedieran si ellos faltaran. Honrar al amigo muerto es religión, y honrar al enemigo muerto, religión y honra. Quien afrenta o consiente que afrenten a su enemigo difunto, miserablemente se confiesa dichoso y infamemente cobarde, pues ni pudo vencer su vida valiente ni su muerte disimulado. El que llora y alaba a su enemigo ya difunto, muestra mañoso que si no lo pudo vencer, esperaba vencerle; que le padecía constante, y no le temía rendido. ¡Oh, cuántas calamidades han irritado aplausos mujeriles en la muerte de los enemigos introducido por los invencioneros del miedo, que, pobres de valor, por divulgar vitorias, granjean castigos! No sintió el pueblo romano que matasen a César, y sintió que muerto dijesen mal dél. Tenía el pueblo romano honra, y no permitía a los que no la tenían. ¡Oh providencia inescrutable de Dios, que solo hiciese las partes de César quien solo le afrentaba, y que los oprobios le granjeasen séquito y sus propias afrentas fuesen venganza de sus heridas!

Texto

Pero convocado el Senado otro día después en el templo de la Tierra, como Antonio y Planco y Cicerón tratasen del olvido y concordia de todo lo que había pasado, no solo decretaron que fuesen los homicidas absueltos, sino que los cónsules tratasen de honrarlos. Con esta determinación se disolvió el Senado. Marco Antonio invitó su hijo al Capitolio y trajo consigo a Bruto y a sus compañeros, a quien cuantos encontraron en el camino abrazaron, y con grandes demostraciones de contento y amistad les acompañaron. Antonio llevó a Casio a cenar consigo, y Lepido a Bruto, y a los demás, aquéllos que les eran familiares y apasionados. En amaneciendo se juntó el Senado, y lo primero agradeció a Antonio el haber sosegado el principio de guerras civiles, y luego les repartieron las provincias. Creta se dio a Bruto; África, a Casio; Asia, a Trebonio; Bithinia, a Cimbro; la Galia Circumpadana, a Décimo Bruto.

Discurso

¿A quién no será escándalo que tuviese más cortés caridad con el príncipe el pueblo que el Senado? ¿A qué príncipe no será amenaza este ejemplo, si no le fuere escarmiento? Los conjurados empezaron a matar a César, y acabáronle de matar los que les premiaron su muerte. No consintió la plebe las injurias del difunto, y premiáronlas con provincias los padres. En pocas muertes de los emperadores de Roma dejó de ser cómplice el Senado. Santas son las leyes escritas; provechosas son estudiadas; padre de los monarcas es el consejo, y aquí fue padrastro, porque la presunción del que sabe, fácilmente compite al que enseña, y desprecia al que le obedece. Y porque solo el príncipe es más poderoso que el Senado, miró el Senado al príncipe como a estorbo de ser solamente poderoso. No le quedó que sujetar sino su grandeza, y por eso se persuadió fácilmente a sujetarla. Viendo Planco y Antonio y Cicerón que no podían resucitar a César, y que, siendo el Senado autor de su muerte, el pueblo no la contradecía, bien advertidos por agradar a los senadores, acreditaron la acción, y, por asegurarse de los conjurados, propusieron que se les debían dar premios. Fue fácil persuadir al Senado a lo que estaba persuadido, porque los hombre raras veces hallan inconveniente en consultar aquellas honras de que son partícipes. Ninguno es defensor de la muerte que le hace heredero, porque el interés es consuelo de los ambiciosos, y lo propio que deja persuade a que le dejen. Era el intento de Cicerón favorecer al heredero de César; el de Marco Antonio favorecerse a sí. Considerando, como amigo de novedades, que en las grandes mudanzas de las repúblicas está fácil la ocasión a las determinaciones violentas, uno y otro ceden a su disinio por lograrle. Pónense de parte de los conjurados para poderlos divertir del castigo que les disponían; disfrazan sus pensamientos con el aplauso, y dan lugar al ímpetu y a la novedad, porque no pueda ser descifrado su ímpetu; y uno de otro se recataba con lo mismo en que convenían. Luego repartieron entre sí las provincias; que fue repartirse entre sí la tiranía que habían castigado en César. No quitaron la tiranía, sino mudáronla. Mal se asegura la vida de uno cuando en su muerte está la medra de muchos. Si los hijos tienen por mayor beneficio en los padres el morir para que los hereden, que el engendrarlos para que sean hijos, ¿qué prerrogativa podrá asegurarse en los príncipes? Más recibió de César Marco Bruto que valía la provincia de Creta; mas hay vanidad en la traición. Quiere más el ladrón poco que toma, que mucho que le den. El robo que saquea las repúblicas es aquél que, hipócrita de la cudicia, llama desinterés el no recibir de otro, y limpieza el tomarlo todo. No tomar del que puede dar, por tomarle el poder, para tomarse lo que quisieren, y no pedir, es, con buen nombre, escalamiento del poder.

Texto

Como se tratase entonces del testamento de César y de su entierro. Antonio pedía que se leyese en público, y que el cuerpo no se sepultase oculta ni ignominiosamente, porque el pueblo alborotado no se irritase más. Casio, ásperamente, lo contradijo. Empero Marco Bruto fue del parecer de Antonio, y aprobó la pompa del entierro pública, y que el testamento de César en público se leyese. En este parecer volvió, engañado, a vacilar el juicio de Bruto: error segundo, y no menor que lo fue el haber perdonado la vida a Marco Antonio. Leyose el testamento de César en público: mandaba en él que su tesoro se repartiese en dar a cada ciudadano de Roma trecientos sestercios, y que asimismo les repartiesen los güertos, granjas y heredades que tenía de la otra parte del Tíber. En oyendo estas mandas, todo el pueblo se encendió en increíble amor y compasión de César. Y por lograr esta ocasión que le daba el testamento leído, viendo entrar el entierro, Marco Antonio oró en alabanza de César; y como viese al pueblo vencido y granjeado de su oración, para crecer con la lástima su piedad, alargando el brazo cogió la vestidura de César, y desdoblándola ensangrentada y hecha pedazos cruelmente con las heridas, la enseñó al pueblo. Con esto se desordenó de manera el sentimiento, que no se oían sino llantos y voces, pidiendo a los matadores para despedazarlos. Corrieron luego, y asiendo de las cátedras, mesas y sillas, las arrojaron en la hoguera donde el cuerpo de César ardía, sin perdonar cosa alguna por rica ni por sagrada. Y luego que la llama resplandeció, unos por una parte y otros por otra, asieron tizones encendidos, y con ellos corrían a poner fuego a las casas de los que habían muerto a César; mas ellos, previniendo el peligro, huyeron.

Discurso

Cuán amiga es de vestirse de nuevo la voluntad del vulgo, bien se conoce en determinaciones tan contrarias: desnúdase de lo que se viste, porque su gala es vestirse para desnudarse. Tenían los conjurados no solo seguridad y aprobación del Senado, sino premio. Cuando Marco Antonio, advertido de la justificación afectada en que Marco Bruto acreditaba el homicidio, propuso dos cosas de tan buen color como que el testamento de César se leyese en público y que fuese enterrado con solenidad, Casio lo contradijo furioso, como hombre que había propuesto el dar muerte a Marco Antonio, cuya era esta propuesta, y por esto la condenaba, y por honesta. Sabía que un delito, si no se disculpa con otro, no se asegura; que el malhechor considerado padece el castigo, y que el temerario, si bien le merece, le dilata. Decía que el malo que para disculparse daba lugar a alguna virtud, se entregaba al juez que le seguía y a su condenación; que un vicio con otro era hermandad, y una culpa con una virtud era discordia. Al contrario, Marco Bruto, reverenciando por religiosa y decente la opinión de Antonio, porque no tuviese su homicidio malos y crueles resabios, la aprobó. Justa cosa es que al malo, que con su delito quiere difamar lo bueno de que se vale, le engañe la misma virtud que profana. Leyose en alta voz el testamento de César, y las mandas en que todo su tesoro y posesiones repartía en los ciudadanos, y cómo adoptaba a Octaviano en primer lugar, y en segundo a Décimo Bruto. Apenas reconoció el pueblo la liberalidad del difunto, cuando, granjeado con las dádivas que les hacía, determinaron de hacer pedazos a los matadores. Es la liberalidad tan magnífica virtud en los monarcas, que el pueblo no solo trueca a ella la libertad, sino que también al tirano liberal le aclama por príncipe justo; y al príncipe, en todas las demás virtudes excelente, si es avariento, le aborrece por tirano. La justicia, y la clemencia, y la valentía, y la honestidad y templanza son virtudes que el pueblo alaba pocas veces universalmente; porque la venganza y la invidia y las malas costumbres de los más de los populares, desean al príncipe para otros cruel, para sus introducciones deshonesto, y para las atenciones de su maña cobarde, y para la licencia de sus delitos injusto. Empero la liberalidad, de que todos participan, la alaban todos: los buenos, por premio; los malos, por paga. La liberalidad sazona todas las acciones del príncipe: es realce de lo bueno y disculpa de lo malo; absuelve las acusaciones en su vida, granjea las lágrimas en su muerte. Al príncipe justo, honesto y valiente, si le sucede otro que lo sea, no lo echan menos. Al príncipe liberal le echan menos siempre, porque las necesidades presentes acuerdan de las que socorrió el antecesor, y las socorridas se adelantan a las que puede socorrer el que reina. Sabía Marco Antonio, como íntimo amigo y confidente de César, que dejaba esta cláusula en su testamento, y por eso pidió que se leyese y le hizo leer en público, y sabía que, en oyéndola, el pueblo había de aclamar a César muerto y dar muerte a los que le mataron. Sucedió de la misma suerte que lo había pensado, pues a las postreras palabras de la cláusula siguió un alarido universal y doloroso que lo confundió todo en sentimiento y amenaza enfurecidas. Mejor supo gobernar Agripina su maldad, cuando, riéndose de la conciencia de Jenofonte, médico, que al veneno clemente dio por antídoto otro veneno mortal a Claudio, emperador, no consintió se leyese su testamento, con que aseguró la majestad en Nerón. Así lo refiere Tácito, Ann., lib. 12, parágrafo 67. Entró en esto el cuerpo de César con grande majestad y pompa, para ser abrasado conforme la costumbre de aquella gentilidad, que tuvo por más decente y aliñada sepoltura la hambre del fuego que la corrupción de la tierra. Luego que le vio en el sitio de la hoguera Marco Antonio, desde lugar eminente, dijo:

Oración de Marco Antonio

—Hoy no es día de hablar de Julio César, sino de enseñarle. Mejor os informarán vuestros ojos de sus heridas que mi lengua. Oíd a su cuerpo, que sus crueles puñaladas tienen voz; y os persuadirán mejor, abiertas con los puñales de sus parientes, que mi boca cerrada con los suspiros y anegada con el llanto. Sus virtudes fueron las que merecieron tan grande invidia, y con esto digo cuán grandes fueron. Su valentía tan generosa, que para su muerte no dio lugar sino a la traición de su hijo y de sus más favorecidos amigos. Sus armas tan justificadas, que si se ha de estar al parecer del cielo, los dioses (contra todos sus enemigos) con el suceso las aprobaron. Sus hazañas son toda la gloria vuestra y desta ciudad, cabeza del mundo. Si Pompeyo venciera a César, mataran a Pompeyo; y a César le mataron porque venció. Dedicaron estatuas a la desdicha de aquél y puñaladas a la vitoria déste. No pretendió quitaros la libertad, sino aliviárosla del dominio molesto de muchos padres con el moderado de un hijo solo. No le mataron porque era tirano, sino porque estorbaba que lo fuesen ellos. Ayer le dieron la muerte, y hoy los matadores se han dado a sí las provincias. Despedazaron al que las ganó para vosotros, y repartiéronlas entre sí por premio de haberle muerto, haciendo precio de un homicidio tan alevoso los triunfos esclarecidos de vuestro capitán. ¿Cómo podía querer usurparos lo que tenéis quien, como habéis oído en su testamento, os dejaba a todos lo que tenía, y que si pudiera hablar, por el amor que os tuvo, agradeciera a los traidores su muerte, por haber acelerado con ella, en el cumplimiento del testamento suyo, vuestro socorro? Herederos de César sois: ahí tenéis su hacienda, presente tenéis su cuerpo y sus homicidas. A vosotros toca repartir el fuego, de suerte que juntamente le consuma difunto y le vengue agraviado.

Y viendo Antonio con estas palabras precipitada la ciudad a las honras del difunto y al castigo de los malhechores, sacando la vestidura de César, que traía consigo, llena de sangre y horrible con las muchas heridas, descogiéndola al pueblo, añadió tales razones:

—Ésta es la toga que en César fue venerable y en mis manos es horror escandaloso; en ella sus venas, que fueron aclamación del mundo, son manchas: no permitáis que se pasen a vuestra honra. No lo hubo dicho, cuando echando en la hoguera las cátedras, y las sillas de los templos y de los tribunales, y cuanto hallaron precioso, la encendieron; y luego que emprendió la llama, tomando tizones y maderos encendidos della, con furia popular corrieron a poner fuego a las casas de los conjurados. ¡Oh, suma justicia de Dios, desvelada y atenta, pues ordenó y dispuso que con una propia lumbre ardiesen el cuerpo de César y las casas de los que le mataron! En un propio día fueron piadosos y justicieros los tizones, y la llama enterró a César y le vengó; porque la maldad nunca encendió fuego contra otro, que no arrojase parte del incendio para sí.

Texto

Viendo Marco Bruto y los conjurados tan cercano su peligro, huyeron del alboroto que había causado Antonio, y recogiéndose en Ancio para aguardar que se resfriase el hervor del pueblo: lo que esperaban de la mudanza de la multitud, fácil y novelera, teniendo ellos de su parte al Senado, el cual castigó a los que solo por el nombre mataron sin culpa a Cinna, un poeta amigo de César, entendiendo era el otro Cinna que había dicho mal dél; y asimismo había preso a los que habían ido a quemarles sus casas. Animábalos el saber que ya el pueblo, temiendo la tiranía que pretendía establecer Marco Antonio, deseaba a Bruto; mas él, sabiendo que los soldados viejos, a quien César había dado sus heredades, le buscaban en diferentes tropas disimuladas para matarle, se detuvo. Turbole también la nueva venida de Octavio a la ciudad. A éste llamaba hijo en su testamento y le dejaba por heredero. Cuando mataron a César estudiaba en Apolonia; luego que supo su muerte, se vino a Roma, y tomando el nombre de César, para obligar al pueblo con la memoria de su padre, junto a sí con dádivas y pagas a los veteranos. Y como Cicerón, movido de la enemistad que tenía con Marco Antonio, favoreciese las partes de Julio César en Octavio, su heredero, Bruto le escribió una carta, disuadiéndole de establecer monarquía con la sucesión. Pero como ya en la ciudad unos siguiesen las partes de Octavio, otros las de Marco Antonio y los ejércitos venales corriesen a juntarse, como a voz de pregonero, donde los llamaba mejor paga, desesperando de la república, determinó Marco Bruto huir de Italia; y por Lucania, a pie, se fue al mar de Elea.

Discurso
Aun en el nombre es peligroso comunicar con los malos, y hasta en el nombre es útil comunicar con los buenos. Por llamarse aquel poeta amigo y apasionado de César, Cinna, como el maldiciente que dijo mal de César, sin otra culpa que la equivocación del nombre, murió despedazado del furor del pueblo. Y Octavio se llamó César, por ser nombre de Julio, y esto le granjeó el amor, el séquito, las armas y la ciudad. Con obstinación asistió el Senado a la defensa de los homicidas, pues castigó a los que dieron muerte al inocente Cinna y prendió a los que con los tizones los fueron a quemar las casas. Este favor les engañó la confianza; mas desmayaron en sabiendo la venida de Octavio, y la asistencia

y amparo que su persona tenía en Cicerón. Bruto, cuando no pudo personalmente oponerse a esto, escribió a Cicerón esta carta:

Carta de Bruto a Cicerón

«He sabido que por oponerte a la tiranía que Antonio pretende para sí, la procuras para Octavio, heredero que adoptó César. Esto, Cicerón, no es oponerte al tirano, sino hacerle. No aborreces el Imperio, sino el emperador. Contradices el dominio a Marco Antonio, porque le aborreces, no porque aborreces el dominio. De peor consecuencia es dársele a Octavio que dejársele a Antonio, cuanto es peor continuar por herencia y sucesión la tiranía, que empezarla por violencia; pues ésta siempre se oye delincuente, y aquélla ya deciende con buen nombre. Si te mueven las virtudes y blandura de Octavio, acuérdate que nuestros pasados con nombre de señores nunca quisieron servir a los buenos. Teme que no con aquellas costumbres que se merece reinar se reina, y que igualmente se pierde la libertad debajo del buen príncipe como del malo. ¿Qué haces de las causas por que excluyes a Marco Antonio de la corona, si a ella admites a Octavio? Si dices que no hay otro medio de excluir a Antonio, ése no es medio, sino achaque para vengarte dél con quitarle la tiranía de Roma, y de Roma con dársela al sucesor de César; y es feamente negociación interesada. Advierte, ¡oh, Cicerón!, tu yerro: que dejas de ser traidor a tu patria en Antonio por serlo en Octavio; y que se conocerá que tu ambición y desorden excede a la de entrambos, pues quieres se conozca puedes quitar el Imperio y darle, porque reconociéndole de ti el emperador, te sea, si no agradecido, sujeto; si no vasallo, hechura; y puede ser padezcas las quejas del depuesto, y que no cobres el reconocimiento del colocado. Yo tengo por culpa darte consejo en lo que te le debía pedir: juzga lo que será en ti no recibir el que debías dar.» Leyó Cicerón este papel; mas no dio lugar a que Cicerón le considerase y obedeciese el ruido de las parcialidades que habían ya mezclado Octavio y Antonio. Remitieron los dos su poder a la negociación del dinero, y compraban ejércitos y ciudades. Marco Bruto, que vio en poder del interés las armas y remitida a las armas la razón, desesperó de remedio, y, desterrándose de Italia, fue a esperar en Elea las diligencias del tiempo y la medicina de los días. Dos cosas son dignas, en esta primera parte de mi historia, de consideración. La primera, la astucia de la maldad de Marco Antonio, y la torpeza de la bondad de Marco Bruto; y la segunda, saber cuáles fueron las causas por que, contrastado por Junio Bruto Tarquino, que reinaba, se siguió la libertad de la república que se pretendía; y contrastado Julio César, que aún no había empezado a reinar, por Marco Bruto, no solo no se continuó la libertad de que se gozaba, sino que antes se estableció el dominio que se temía. A lo primero digo que Marco Antonio sabía ejecutar bien lo que pensaba mal, y Marco Bruto ejecutaba mal lo que pensaba bien. Bruto pretendía para otros; Antonio, para sí. Aquél se fió en el Senado; éste, en nadie. Bruto, por no cometer maldad, no mató ni consintió matar a Antonio, y permitió leer el testamento de César y enterrar su cuerpo con solenidad pública. Antonio, porque no hubiese alguna maldad que dejase de cometer, incitó a César a la inobediencia, y le hizo aborrecible poniéndole coronas en la cabeza en los juegos, como se lee en su vida; le ayudó en su postrera determinación, por tener que acusarle; se escondió en su muerte, para poder engañar los conjurados; los sacó del Capitolio para venderlos; engañolos a ellos, y al pueblo, y al Senado, y al propio César muerto, pues oró en su defensa, y con su toga concitó el pueblo contra los matadores, y luego se levantó contra César y contra su heredero, declarando las traiciones de su intención. Y al fin Antonio prevaleció contra Bruto, porque supo ser malo con extremo; y Bruto se perdió, porque quiso ser malo con templanza. En el segundo punto discurrió doctamente uno de los mayores ingenios de Italia. Dejo de traducirle, no porque desestimo su discurso, sino porque la vida que escribo me dicta diferentes causas. La primera fueron las costumbres de Tarquino, llamado por sus maldades el Soberbio. En la primera década, libro 1.º, las escribió Tito Livio; para que se lean las hago españolas:

«Empezó a reinar Tarquino, a quien llamaron sus hechos Soberbio. Negó la sepoltura a su suegro; mató a los mejores de los padres, solo porque favorecieron a Servio. Y pareciéndole que dél podían aprender a usurpar el reino con violencia, se cercó de gente armada. Ni para el derecho del reino tenía otra cosa sino la fuerza, pues no reinaba por elección del pueblo ni por voluntad de los padres. A esto se llegaba que, desesperando de la caridad de los ciudadanos, le era forzoso defenderse con el miedo; y para que le temiesen todos, el conocimiento de las causas de muerte determinaba por sí solo, sin consejos, y por esto podía dar muerte, desterrar, quitar las haciendas, no solo a los sospechosos y a los que aborrecía, sino a aquéllos en quien no había otra causa sino tener qué les pudiese quitar. Desta manera, disminuido el número de los padres, determinó no elegir en su lugar otros, para que en la poquedad fuese más despreciado el orden senatorio, y sintiesen menos el no poder hacer algo por sí. Éste fue el primero que el orden antiguo establecido por los pasados, de no hacer nada sin consulta del Senado, le anuló, administrando la república con domésticos consejos. La guerra, la paz, las confederaciones, las amistades las hacía por sí con las personas que quería, sin voluntad del pueblo ni del Senado.»

Hasta aquí son palabras de Livio, fielmente y a la letra traducidas. Costumbres fueron éstas que, como no puede ser tirano el que no las tuviere, ninguno las tendrá que no sea tirano. Sea, pues, evidencia, no discurso, que Tarquino, que las tuvo, fue tirano; y Julio César, que no solo no las tuvo todas ni alguna dellas, sino que siguió en justicia y amor las contrarias, no lo fue; antes príncipe valeroso, clemente y liberal. Y de la diferencia y contrariedad de los dos sujetos, forzosamente se sigue que Tarquino mereció por sus delitos perder el reino que había heredado; y Julio César perpetuar por sus virtudes en sus sucesores el imperio que no tenía. Resta, después de haber enseñado la diferencia de los dos príncipes depuestos, señalar la diferencia (que no fue menor) entre los dos Brutos que intentaron las deposiciones del uno y del otro. Junio Bruto fue llamado Bruto porque se fingió tonto siendo sabio y prudente, para asegurar de sí a Tarquino. Marco Bruto siempre se ostentó sabio para mostrarse después tonto. ¡Oh, cuánto mejor obra con los tiranos y contra ellos la sabiduría disimulada que presumida! ¡Qué cosa más necia que Junio Bruto, hecho por sus bestialidades afectadas risa y matraca de los muchachos, y burla y entretenimiento del pueblo! ¡Qué cosa más docta y providente que Junio Bruto, que, sabiendo no parecer que sabía, engañó la malicia del tirano; que supo abrigar su venganza con un delito tan participado en la honra de todos, como la fuerza que a Lucrecia hizo Tarquino, en la piedad de una muerte tan religiosamente dolorosa como la de Lucrecia; que no se detuvo en tratar levantamiento, sino que se levantó sin tratado y conjura; que usó del pueblo para el castigo, y no se fió del pueblo ni del Senado, antes obligó que el Senado y el pueblo fiasen de su determinación sus agravios; que no perdonó de la deposición y destierro a hijos ni mujer; que no dio lugar a espectáculos y diligencias; que intentó castigar tirano que lo era, y culpas que padecían nobles y plebeyos, ricos y pobres, hombres y mujeres, pueblo y Senado! Y por éstos con todos pudo vengarlos a todos; lo que no alcanza quien pretende con la ambición de los unos vengar las quejas de los otros, o hartar su cudicia. Al contrario en todo Marco Bruto, ¿qué cosa más elegante que sus escritos, más admirable que sus estudios, más docta que sus oraciones, más reverenciada que sus costumbres, más desinteresada que sus gobiernos y más valerosa que su persona? Esto al principio; mas al fin, cuando se llegó la ejecución de sus disinios, ¿qué cosa más bruta ni más tonta se puede considerar que Marco Bruto? ¿Qué necedad más delincuente que dejarse obligar de César con honras, beneficios y mercedes pretendidas, para culparse de ingrato y alevoso? ¿Qué necedad más torpe que dejarse persuadir de Casio al peligro, no dejarse reducir de Casio a la seguridad de la muerte de Marco Antonio, en ocultar el testamento de César y su cuerpo? ¿Qué necedad más ciega que fiar la defensa del homicidio en los cómplices en él, y su fortuna en la facilidad ligera y desenfrenada de la multitud? ¿Qué necedad más insolente que matar en el Senado a César con los mismos senadores, por acreditar la maldad con el sitio y las personas, sin advertir que la misma maldad desacreditaba las personas y el sitio? ¿Qué necedad más vil que matarle por tirano a César, y a otro día repartirse las provincias entre los matadores, por premio del delito? ¿Qué necedad más bestial que procurar persuadir al pueblo romano que Julio César era digno de muerte y indigno del imperio, habiendo visto que los más y mejores del mismo pueblo romano, favoreciéndole en las guerras civiles, le habían juzgado por benemérito de la corona y dignidad suprema? Según esto, la causa evidente de que Junio Bruto, desterrando a Tarquino rey, estableciese la libertad, y de que Marco Bruto con la muerte de Julio César estableciese el imperio, fue la diferencia de los dos príncipes y de los dos conjurados. La de los dos príncipes fue tan grande como ser Tarquino tirano, y Julio César no. Esto se prueba al uno con el otro. Tarquino fue tirano, porque fue tal como se ha visto.

Julio César no fue tirano, porque no se pareció a Tarquino en nada. Mal entendió Marco Bruto la materia de la tiranía, pues juzgó por tirano al que con la valentía y el séquito de sus virtudes y sus armas, asistidas de fortunados sucesos, en una república toma para sí solo el dominio que la multitud de senadores posee en confusión apasionada; siendo verdad que esto no es introducir dominio, sino mudarle de la discordia de muchos a la unidad de príncipe. No es esto quitar la libertad a los pueblos, sino desembarazarla: peor sujeto está el pueblo a un Senado electivo, que a un príncipe hereditario. Las leyes sacrosantas mejor se hallan servidas de uno que las ejecuta, que de muchos que las interpretan. Más quiere la vanidad de los senadores la obediencia para su interpretación en las leyes, que para las leyes mismas en su igualdad. Tirano es aquel príncipe que, siéndolo, quita la comodidad a la paz, y la gloria a la guerra, a sus vasallos las mujeres, y a los hombres las vidas; que obedece al apetito, y no a la razón; que afecta con la crueldad ser aborrecido, y no amado. Y por las mismas culpas son tiranos los Senados en las repúblicas y tiranos multiplicados. Ésta fue la causa y razones por que Tarquino, reinando y vivo, fue depuesto con razón; y César, aun no reinando y difunto, fue electo y coronado en sus hijos; y como en aquél, por haberse llamado rey, quedó el nombre a Roma culpable y aborrecible, el de César, por ser nombre suyo, quedó vinculado por blasón de los emperadores en Roma. La diferencia de los artífices destas dos acciones ya está dicha: brevemente la repetiré. Fue, pues, que Junio Bruto empezó tonto y acabó sabio; y Marco Bruto empezó sabio y acabó tonto. ¡Oh, poderosa y eterna virtud, que de la muerte naces fecunda, que te fortificas con tus contrarios, que te acreditas con tus enemigos, muchas veces despreciada, ninguna vez vencida! Tú, premio de ti misma, te aseguras el premio. Tú, hija de la verdad, vanamente difamada en los hipócritas, gloriosamente asistida en los santos, concede a mis escritos la eficacia para persuadirte; porque, siendo más útiles que elegantes, se empleen en el provecho y no en el deleite. Y tú, siempre trágica y castigada maldad, aborto del infierno, parto de la mentira, mérito de condenación, desperdicio del alma, logrero de castigos, inducidor de discordia, cuya vida es más muerte, cuya duración es peor fin, descúbrete de manera en esta historia, que, leída, dé el escarmiento; al paso que te sobraren letores, te falten secuaces; que el intento ha sido, en los sucesos que no pude emendarte para el remedio, descubrirte para el ejemplo. Vosotros, príncipes buenos, aprended a temer vuestros beneficios mismos. Vosotros, tiranos, aprended a temer vuestras crueldades propias. Vosotros, pueblos, estudiad reverencia y sufrimiento para el buen monarca y para el malo; que yo en tanto, si viere que vuestras mejoras son cosecha desta primera parte, agradecido trabajaré en la segunda, para que en el fin de Marco Bruto se reconozca el fin de los sediciosos y noveleros. Consentid mi intención los que no aprobáredes mi estilo.

Cuestiones políticas

Pregúntase qué hiciera Julio César si antes de entrar en el Senado leyera el Memorial que le dieron, declarándole la conjura y los nombres de los que entraban en ella

Las conjuras que se acusan, antes se castigan que se averiguan; porque se temen sin oírlas, y se creen en oyéndolas. El que las ocasiona tiene por averiguación su mérito: nadie dirá que hay conjura, que no la haya en el castigo, aunque falte en la verdad. ¡Miserable estado el de los príncipes, que si no oyen las acusaciones, no pueden vivir, y si las oyen, no las dejan que vivan! Bueno es descubrir la traición, mas no del todo seguro. Las traiciones muestran desconfianza de la bondad o talento o poder del príncipe. Tan mal efeto han hecho traiciones castigadas, como puestas en ejecución y cometidas. Y las historias dicen que aún le han hecho peor, añadiendo a la traición primera la venganza della con la última. Alto conocimiento tuvo destas cosas don Fernando el Católico. Este rey miraba por sí consigo mismo: quien vía su letra, juzgaba que no sabía escribir; quien le leía, que él solo sabía leer y merecía ser leído. Pensaba con tantos consejos como potencias: no emperezaba las determinaciones con bachillerías estudiadas o inducidas; lográbalas con atención toda real; sabía disimular lo que temía, y temer lo que disimulaba. Dijéronle que el Gran Capitán quería levantarse con el reino de Nápoles; esto con todas las legalidades de la calunia y de la invidia. El crédito que se da a estos celos políticos es forzoso en el oficio de reinar, sin culpa en el talento ni seso de los reyes. No publicó la sospecha, mas no la despreció, reconociendo que darse por entendido de tener rebeldes, le era nota que antes la crecía que la curaba el castigo. Llamole honoríficamente a puestos grandes, que con la disimulación de premios a tan esclarecidos méritos rebozasen su intento. Invió con todo secreto a Pedro Navarro y al arzobispo de Zaragoza, su hijo, para afianzar, si fuese necesario, la determinación de su recelo. Escribiole el Gran Capitán una carta con pocos renglones, no dándose por entendido de lo que el rey pensaba; mas asegurándole de lo que podía pensar. Quietose el entendimiento del rey con la carta, mas no el oficio del rey; y dejando desabrigados de su persona grandes negocios en Castilla, con pretextos deslumbrados de su fin se embarcó a Italia para traerle consigo. Cuidados de la majestad, quien los sostituye los aventura. Llegó de vuelta con Gonzalo Fernández a Saona, ciudad de la nobilísima república de Génova, que un tiempo fue puerto, el cual suplicó mejorándole aquel gran Senado, que, venciendo las dificultades de la naturaleza, ha fabricado un muelle con acogida de perfetísimo puerto. Allí se juntaron las dos majestades, Católica y Cristianísima: dispúsose que comiesen juntos. El rey de Francia, viendo con don Fernando al Gran Capitán, propuso y porfió que había de comer con ellos en la misma mesa quien vencía reyes y quitaba y daba coronas. El peor fabricador de venenos es la honra. ¡Oh, cuánta muerte guisó en este convite! Todos tienen hambre del alimento que reparten. Comieron juntos, sin otra diferencia que un asiento desigual. El francés los atosigó a entrambos: a Fernando las sospechas que traía, viendo a su enemigo interceder por el honor del vasallo en quien temía tan gloriosos servicios; y en Gonzalo Fernández la atención bien advertida en el peligro de dos malicias coronadas. Llegó a España el Católico y nunca pudo digerir aquel banquete del rey de Francia, ni se lo dejó digerir al Gran Capitán. Más tienen que temer los varones esclarecidos la grandeza de sus méritos, que los cobardes y envilecidos la mengua de sus culpas. Tienen los príncipes más facilidad en perdonar sus yerros con desprecio, que en premiar los servicios de valor eminente con liberalidad proporcionada, cuanto es más costoso a los príncipes desempeñarse de los acreedores que los molestan, que cobrar de aquéllos a quien son acreedores. En llegando a España, valiéndose don Fernando de un divertimiento mañoso, fingió que se olvidaba de lo que más tenía en la memoria. Obligó a Gonzalo Fernández, sin mandato, a retirarse al reino de Granada; empero el rey de Francia, no contento con haber esforzado las causas de sacar de Italia en el Gran Capitán sus temores, pasó con nuevas maquinaciones a asegurarse de que el Católico por ningún accidente de guerra le volviese a encargar armas fuera ni dentro de sus reinos. La traza fue tan apretada que pudo conseguir no solo este retiro, sino la ruina de aquel varón gloriosísimo. Desta maldad francesa no tuvo ni pudo tener noticia Jerónimo de Zurita ni el Jovio, ni otro algún escritor de tantos como le dedicaron sus plumas, así españoles como italianos y franceses, cudiciando volar en las alas de su fama. Hallé esta noticia mirando para otros fines los papeles de los grandes servicios de la casa muy ilustre de don Fernando de Barradas, que él tiene en su poder, originales de mano del rey Católico; y trasladados por mí con toda fidelidad, son los que se siguen:

Instrucción

«Lo que vos, Francisco Pérez de Barradas, alcaide de la Peza, habéis de hacer en este viaje, adonde ahora vais por mi mandado, es lo siguiente: Primeramente habéis de saber que yo he sido informado que de Villafranca de Niza han partido o partirán presto dos navíos, en los cuales diz que vienen algunas personas a tratar en estos reinos ciertas cosas contra el servicio y estado real de la serenísima reina y princesa, mi muy cara y muy amada fija, y contra el mío. Y que entre los otros viene principalmente entre las otras naos, para entender en la dicha negociación, uno que se dice Biete, que es natural de la ribera de Génova. Y porque cumple mucho a nuestro servicio que donde quiera que las dichas naos aportaren en estos reinos sean tomadas, y se prendan todas las personas que en ellas vinieren, para trabajar de saber los tratos que traen, confiando de la fidelidad, habilidad y diligencia de vos el dicho Francisco Pérez de Barradas, he acordado de vos dar cargo de la presa de las dichas naos y de las personas que en ellas vienen. Por ende yo vos encargo y mando que, guardando secretísimo todo lo susodicho, vais luego con diligencia a la costa de Málaga, donde las dichas naos diz que han de venir, y trabajaréis de saber, con la disimulación y secreto que se requiere, de la venida dellas; y cuando fueren venidas, pondréis grandísima diligencia y recaudo en tomarlas con alguna buena maña, y en prender y sacar a tierra todas las personas que en ellas vinieren, y señaladamente al dicho Biete, que (como he dicho) es el que principalmente diz que trae cargo de los dichos tratados. Y assimismo procuraréis de haber cualesquiera cartas y escrituras que trajeren; y después que (placiendo a nuestro Señor) hayáis tomado las dichas naos y prendido las dichas personas, pondreislas todas en prisión y a buen recaudo, y examinarlas heis particular y secretamente una a una, de la causa de su venida, y de dónde, y a qué vienen, y quién los envía, y para qué personas destos reinos traen cartas. Y si fuere menester darles tormento para saber la verdad de lo susodicho, hacerlo heis con la diligencia y buen recaudo que de vos confío; que con la presente lleváis cartas mías de creencia, a vos remitidas, para el marqués de Mondéjar y los regidores y otras justicias de Málaga y de toda aquella costa, en que los mando que vos den para lo susodicho todo el favor y ayuda que les pidiéredes, y que fagan cerca dello lo que vos de mi parte les mandáredes. Pero estad sobre aviso que no habéis de comunicar con los dichos corregidores y justicias ni con ninguna otra persona, cosa alguna de lo susodicho, ni de lo que supiéredes de las dichas personas que prendiéredes, salvo guardarlo secretísimo y avisarme a mí dello con correo volante muy particularmente, y enviarme heis todas las escrituras y cartas que les tomáredes. Ítem, si por aventura el dicho Biete, o alguno de los otros confesaren que la venida de las dichas naos era para sacar destos reinos y llevar en ellas al Gran Capitán Gonzalo Fernández, o a algunas otras personas, en tal caso, guardándolo secretísimo, daréis orden, por virtud de las dichas mis cartas, que los dichos corregidores y justicias provean y manden, so graves penas, y fagan facer públicos pregones en todas las ciudades y villas de la costa de la mar, que no dejen partir ni facer vela a ningún navío, ni barco grande ni pequeño, ni dejen embarcar, ni salir por mar, ni por ríos de aguas dulces que vayan a la mar a ninguna persona, de ninguna condición que sea, sin ver y reconocer quién es: y si alguno se hallare sospechoso, que no solamente no le dejen embarcar, mas que lo prendan y lo tengan a muy buen recaudo y se me dé luego aviso, y se espere sobre ello mi respuesta y determinación. Ítem, porque estéis mejor informado de todo lo susodicho, y conozcáis mejor las dichas naos, lleváis copia de una carta que me escribieron de Alicante dándome aviso de la venida dellas a Málaga. Pero mirad que solamente ha de servir para vuestra información, y que no la habéis de mostrar, ni dar parte a nadie de su contenido en ella. Ítem, si por aventura, después de haber hecho lo último de potencia, no pudiésedes prender las dichas naos y los que vienen en ellas, en tal caso hase de proveer en todas aquellas costas de manera, que aunque los que vienen en las dichas naos quieran tomar alguno o algunos destos reinos, no lo puedan hacer. Y en todo lo susodicho poned la diligencia y buen recaudo que de vos confío, como en cosa que tanto importa a nuestro real Estado y servicio. Fecha en el monasterio de Aguilera, a 14 días de agosto, año de 1515. Y. YO EL REY. Por mandato de su alteza, Pedro de Quintana.»

Remitió al dicho alcaide de la Peza cuatro cartas de creencia, su fecha en Aranda de Duero a 13 de agosto de dicho año. Ocasionose esta instrucción de una carta que el rey Católico recibió de Alicante, en valenciano, que traducida dice así: «Muy alto y muy poderoso señor: En su ciudad de Alicante el presente día han arribado dos naves nizardas, en las cuales han venido dos hombres: el uno natural de Vizcaya, el cual es casado en Villafranca de Niza, y allí tiene casa y habitación, llamado Juan de Chave; el otro es nizardo, y tiene casa y mujer en Villafranca de Niza; los cuales nos han dicho en gran secreto por el servicio de vuestra majestad... (aquí falta un pedazo y sigue este fragmento)... vito de Levante, que van a Málaga o Almería para recoger en Castel de Ferro al dicho Gran Capitán, y pasarle a Nápoles. Y más nos han dicho, que las dichas dos naves habían cargado de leñame para vender en este puerto; y que estando en la costa de Marsella las hicieron descargar el dicho leñame, y que Pedro Joan, capitán francés, metió en las dichas naves once piezas de bronce muy singular, y que en la una nave metió las seis, y en la otra las demás piezas de artillería; y que el dicho Pedro Joan, capitán, metió en cada una de las naves seis bombardas, las cuales naves vienen en conserva. Y por cuanto son cosas que tocan al servicio de su alteza, como así de sus vasallos, habemos deliberado de dar aviso destas cosas, aunque no son ciertas, sino por presunción de lo que aquestos hombres nos han dicho; pero porque su majestad sea prevenido, y provea lo que reconocerá que en esto convenga, le inviamos esta letra de aviso». Lo que faltó en el pedazo roto desta carta, se lee en la instrucción del rey Católico. Colígese de la carta que se sigue del rey don Fernando, que el alcaide Francisco Pérez de Bárradas le escribió lo que desto había podido entender.

Respuesta del rey Católico al alcaide Francisco Pérez de Barradas

«Ayer, que fueron 5 del presente, recibí vuestra letra de 23 del pasado, en que decís que no habéis hallado rastro ninguno de lo a que fuistes; porque aunque escribís había en ese puerto ocho naves, y entre ellas una nizarda; pero decís que ninguna señal había de ser ninguna de aquéllas, las cuales habían de venir. Y como quiera que yo crea que es así; mas visto lo que decís, que el Gran Capitán iba a este mismo tiempo a esa ciudad de Málaga, adonde le tenían ya aposentado, sino que adoleció yendo para ahí en Archidona, yo no estoy sin gran sospecha que su ida a esa ciudad era para poner por obra el fin que dicen de irse fuera destos reinos; y que la nao nizarda, que decís está en ese dicho puerto, es la que le había de llevar; sino que vos, como el marqués de Mondéjar vos dijo que no venía en la dicha nao gente de guerra, haos parecido que no debía de ser ella. Y porque no recibáis en esto engaño, habéis de saber que las naos o nao, que para llevar al Gran Capitán habían de venir, no venían con gente de guerra, sino con mercadería muy disimuladas; y por esto recelo yo que la dicha nao nizarda, o alguna de las otras que están en el dicho puerto, deben esperar al dicho Gran Capitán; y por eso es muy necesario y conveniente que vos hagáis toda diligencia, con gran disimulación, para saber si la dicha nao nizarda es la que viene para esto, o alguna de las otras que en el dicho puerto están. Y para que mejor podáis hacer esto y todo lo demás que fuere menester, para estorbar que el dicho Gran Capitán no pueda salir con su intento de irse fuera del reino (si tiene tal pensamiento), podréis dar parte en mucho secreto al corregidor de esa ciudad de esta negociación, para que vos ayude a hacer sobre ello las diligencias necesarias; pero encargadle de mi parte que guarde mucho secreto, como he dicho. Y por la dolencia que decís que tiene el dicho Gran Capitán, no os habéis de descuidar, creyendo que estando doliente, aunque tenga fin de irse, no lo podrá ejecutar; antes habéis de estar sobre el aviso para saber siempre qué hace, porque podría ser que su dolencia fuese fingida, para poder mejor salir con su intención. Y pues vedes cuánto importa a nuestro servicio este negocio, poned en él mucho cuidado y buen recaudo; y mirad que si el dicho Gran Capitán fuere a esa ciudad, que yo sospecho que no es para otro fin sino para el que dicen que tiene de irse fuera del reino, y por esto habéis de estar muy sobre el aviso, para que no vos pueda engañar. Y hacedme de continuo saber lo que supiéredes en esta negociación, y escribidme más largo y más claro que ahora me escribistes. De Calatayud, a 7 de otubre, año de 1515. Y. YO EL REY. Por mandato de su alteza, Pedro de Quintana.»

Desde 14 de agosto, que fue la fecha de la instrucción, hasta 7 de otubre, en que escribió el Católico esta última carta, pasaron dos meses menos siete días; y a la que recibió del alcaide a 5 de otubre, respondió a 7, en dos días tomó resolución, declarando la obstinación de su sospecha, y confesando crecía con el desengaño della. No he observado en más antiguo estilo este género de requiebro o fineza de empezar la firma del rey con la primera letra del nombre de la reina, cosa que hoy todos imitan. Los vasallos que conquistaron reinos y hicieron a sus príncipes monarcas, desde Belisario hasta Hernán Cortés, pasando por Gonzalo Fernández, siempre adolescieron sus propias vitorias; y ajados, o con cuentas de gastos o capítulos crecidos por la invidia, son arrancados con nota de donde fueron aclamación. Esto no debe espantar la lealtad de los nobles, sino advertirla para retirarse de donde los arrojará la condición y ceño de la fortuna. Escribió el arzobispo de Andrinópoli, embajador en Inglaterra, al rey don Fernando un chisme que se lee en su carta, que anda manuscrita, tan larga como artificiosa. Persuadido desta cláusula invió el Católico al Gran Capitán orden halagüeña para que con toda brevedad viniese a España; y como era tan a raíz del vencimiento de los franceses, para establecer con presidios y nuevos órdenes el nuevo reino, le fue forzoso detenerse. Y este beneficio tan necesario le recargó en la aprensión real, que nunca creyó era mina originada del temor francés, aunque no había tenido noticia sin su nombre. Igualmente procuró el rey Católico asegurar su recelo, y no dar a entender al mundo que tan esclarecido varón intentaba en su infidelidad su descrédito y desprecio. Bien lo dio a entender en la instrucción, cuando dijo que si Biete o los demás confesasen que venían para llevar al gran Capitán a Nápoles, no dice que se asegure dél prendiéndole, sino con que bandos estorbe que ninguna persona pueda salir de aquel reino y costas. Lo mismo es publicar un príncipe que tiene entre sus vasallos muchos traidores, que confesar un hombre que tiene muchas enfermedades incurables y ninguna salud; y con la cudicia que a éste le espían los herederos, al otro le atiende la malicia alborozada de los enemigos. Justino, libro 31, capítulo 4, da a leer de cuál astucia fue dicípulo el rey de Francia en hacer, con las honras del banquete y las alabanzas, sospechoso al rey Católico el valor y méritos del Gran Capitán. Éstas son sus palabras: Romani quoque ad Antiochum legatos misere, que sub specie legationis, et regis apparatum specularentur, et Annibalem, aut Romanis mitigarent, aut assiduo colloquio suspectum, invisumque regi redderent. «Los romanos inviaron embajadores a Antíoco, para que debajo del color de la embajada reconociesen los ejércitos y aparato del rey, y procurasen mitigar el odio de Aníbal contra los romanos, o con la caricia de frecuentes visitas y conversaciones con él le hiciesen sospechoso y aborrecible con Antíoco.» Lo que mañosamente ejecutaron, como se lee en el mismo capítulo, alabándole repetidamente sus grandes hazañas: *Quorum sermone laetus, saepius cupidiusque cum legatis colloquebatur, ignarus quod familiaritate Romana, odium sibi apud regem crearet.* «Con su conversación y lisonjas desvanecido, gustaba de hablar muchas veces con los embajadores, ignorando que la familiaridad con ellos le granjeaba la sospecha y el aborrecimiento del rey.» Solo faltan los manteles a esta acción para ser la misma del rey de Francia, que no temió menos a Gonzalo Fernández que los romanos a Aníbal. Esta traza y estratagema que hasta hoy ha corrido, ponderada por ingenuidad de ánimo en el rey de Francia, en honrar la virtud y el valor aun en su mayor enemigo, como lo fue el Gran Capitán con tan coronadas vitorias, empezará a oírse con su propio nombre, reconociéndola todos por venganza astuta, dictada de la habilidad del temor, y lograda en la terquedad de celos de Estado.

No ha sido digresión lo que dispone con ejemplo moderno la inteligencia de la cuestión propuesta en Julio César, a quien deciende más tratable el discurso. Si tomamos el parecer a la naturaleza, a la presunción violenta, al efecto ya coronado, diremos que si leyera el aviso de la conjura y los nombres de los conjurados, suspendiera el camino al Senado, volviera a su palacio cuidadoso, y con secreto compendiosamente resuelto hiciera aprisionar los traidores, comprobara la fealdad del delito, y asegurando en sus maldades el horror de la pena, los hiciera morir por sentencia. Favorecían y calificaban a César este medio sus hazañas, su elocuencia, las honras que en él desconocían los senadores, el intentar que el tribunal sacrosanto de la justicia fuese teatro de iniquidad tan atroz. Esforzaban esto los beneficios que le debía Casio; la vida perdonada en Bruto, y el nombre de hijo con obras de padre. Prevenía la sedición del pueblo con la noticia de la maldad, que mitiga con lo lento del juicio lo impaciente de su desorden. Quien poco a poco da noticia al pueblo de lo que pretende hacer, mitiga el incentivo de la novedad con que hierve y se dispara. Resta tomar su deposición a la magnanimidad jactanciosa y a la conveniencia de Julio César, y a aquel entendimiento que tenía por descanso el desprecio de todos los peligros. De aquélla nos informará toda su vida; de éste, su muerte y el estado que tenían en aquella sazón sus armas y pretensiones. Oigamos el informe de su condición. Ésta era en los intentos soberana, en las determinaciones veloz. Tenía por pereza aguardar la ocasión sin arrebatarla; tuvo por mengua gozar de la fortuna con prudencia, y osó gobernarla con temeridad. En sus mayores disinios, el cuándo era el luego: tanto se fiaba de sí en todo, que apenas desconfiaba de nada. Él solo se hizo así; él se deshizo. La muerte por tirano le quitó el Imperio, y se le aseguró en sucesores su testamento. Lo que dejaba en él al pueblo, le dio lo que el pueblo no le quería dar. Vivió desdichado dichoso; murió dichoso desdichado. Tanto más vale el común de la gente cohechada con el interés de su alivio, que el celo justificado de los nobles. Él no supo ser emperador, y su cadáver supo fundar el Imperio. La conveniencia de César estaba más segura en disimular lo que sospechaba y sabía que en castigarlo. Temía tanto la averiguación de los delitos, como los delincuentes. Más fiaba de saberse desentender, que de procesar. Persuadiose que el ímpetu rematado adquiría, y la noticia detenida en aparente clemencia conservaba. Creyó que los pueblos arrebatados tenían por caricia de su magnanimidad los fingimientos de su astucia. Conveníale disfrazarse para introducirse. Quería ser de manera, que se olvidasen de lo que había querido ser. No sé cómo diga que erró quien acertó errando. El Senado echaba menos todo el poder que César tenía, y más viendo a César aun cuidadoso del poco que dejaba al Senado. El pueblo estrenaba príncipe con el sabor de la novedad; mas recordado por los pasquines frecuentes de la tiranía de Tarquino y del castigo que le dio Junio Bruto, y recién desnudo de la libertad, y mal enjuto de la sangre derramada en las guerras civiles, miraba sospechoso el dominio. Era virtuoso y grande el séquito que tenía la memoria de Pompeyo. No eran pocos ni desarmados los que para sí querían lo que César se tomaba. Bruto y Casio querían a Roma para Roma; Cicerón, para Augusto; Marco Antonio, para que sirviese de patrimonio a sus maldades. Por esto, de parecer de su magnanimidad, de su condición y entendimiento y conveniencias en el estado dudoso en que vacilaban las cosas de Roma, no podía César dejarse llevar del parecer del afecto, ni del despeño de su naturaleza, prendiéndolos, y procesándolos y haciéndolos morir. Forzosamente tratara de asegurarse, escondiendo tanto su persona como la noticia de las causas por que la recataba. Mudara cauteloso el Senado y la forma de asistir en él. Deslumbrara con diferentes puestos el castigo de los que removía. Ejecutara con orden desconocida el ejemplo, procurando pareciesen casuales y no meditados sus fines. Afirmárase en el pueblo con beneficios, en la nobleza con honras, en las legiones con dádivas. Encargara a Bruto, lejos de sí, peligros que pudiera lograr, haciendo que la muerte le hallase en ellos. Hiciera lo mismo con Casio; pues si los prendiera porque le querían dar muerte para dar libertad al pueblo, el pueblo le diera muerte para darlos libertad y cobrar la suya. Descubriera César la tiranía que disimulaba, para establecer perpetua la tiranía. Pruébase con evidencia esto, pues estableció, muerto por los leales, el Imperio, habiéndole muerto porque pretendía establecerle; de que se colige, que para su intento siempre juzgó por más favorable morir que matar, y padecer los traidores que hacer le padeciesen. Voz fue suya: «Más quiero morir una vez que temer morir cada día». Déjabase César vencer de lo que amaba, no de lo que temía. Ésta fue la causa de perdonar a Bruto, de llegarle a su lado honrándole con ansia y de hacer con Casio, por su intercesión, las propias finezas. Vehementes sospechas tuvo de entrambos: mostrolo con recato discreto cuando, diciéndole que contra su persona maquinaban Dolabela y Marco Antonio, dijo: «No hago caso de hombres gruesos, colorados y guedejudos; estos pálidos y flacos me dan cuidado», señalando a Bruto y Casio. Quien no disimula, no adquiere imperio; quien no sabe disimularlo que disimula, no puede conservarle. La disimulación en los príncipes es traición honesta contra los traidores. Tenía César para la disimulación tan a su mandar sus ojos, que en la cabeza de Pompeyo los hizo reír con lágrimas. Tal fue su condición, que por ella se vio morir y se dejó matar. Por ella, si supiera la conjuración, dejara el dar muerte a los conjurados por dársela con la propia a la conjura, y a las que della se habían de producir. Empero adviértase que cuanto yerran y padecen los tiranos es efeto de sus conciencias. Esto los dificulta lo fácil, los facilita lo difícil, los solicita consigo sus ruinas. Son venganzas domésticas y invisibles, que ni se pueden acallar ni satisfacer: fiscales de la justicia de Dios, que tienen de aposento los retiramientos de sus corazones. Si alguno tuviere por opinión que César no tomara el camino que yo digo, habrá de responder al desprecio que hizo de tantos prodigios y agüeros, y a la predicción de Spurinna, repetida con afirmación temerosa el mismo día que le dieron de puñaladas. Buenos libros son los muertos, y mejores las muertes. Sea esta dotrina difunta para los que viven, y corra por su cuenta la elección del dictamen, que el mío no es desnudo y fantástico. Medio es que en otra conjura tomó aquella heroica y varonil mujer Amalasuenta. Así lo refiere Erycio Puteano en su libro, cuyo título es: Historiae Insubricae, libro I, folio 76, página 2. Tales son sus palabras, hablando de Amalasuenta: Sed mulier virilis animiminime deterrita, haud cessit; tresque Gothos, seditionis antesignanos, honoris specie ablegavit, et postea vario astu sustulit. «Empero aquella mujer de varonil ánimo, sin espantarse, no cedió al riesgo; mas tres godos, que fueron cabezas de la sedición, los apartó con títulos ilustres y honrosos, y después con varios trabajos los hizo morir.» No son forasteras deste tratado las palabras que Plutarco refiere en el libro Scito dictis regum ac imperatorum. Habla de Dión, el que acabó con Dionisio, que sabiendo Calippo se conjuraba contra él siendo su más favorecido, no quiso averiguar la traición, porque decía era mejor morir que vivir, cuando no solo de los enemigos, sino de los más amigos, era menester guardarse. El príncipe que confiesa que teme, aconseja le desprecien. Grande ejemplo se lee en la vida de Avidio Casio, en estas animosas palabras: Et cum ingens seditio in exercitu orta esset, processit nudus campestri tholo tectus, et ait: Percutite, inquit, me si audetis, et corruptae disciplinae facinus addite. Tunc conquiescentibus cunctis, meruit timeri, quia non timuit. «Y como se encendiese en el ejército grande motín, desnudo y cubierto con solo un capote de campaña, se presentó en medio de todos, y dijo: "Si os atrevéis, emplead en mí vuestras armas, y añadid la maldad a la disciplina estragada". Entonces quetándose todos, mereció ser temido, porque no temió.» En nuestros tiempos, el vitorioso honor de España, asombro de todos los enemigos de su grandeza, mortificación triunfante de los émulos a tan incomparable monarquía, el excelentísimo señor don Pedro Téllez Girón, duque de Osuna, virrey de Sicilia, en Mecina, cuando por la gabela de la seda se amotinó el pueblo y el rumor de las amenazas armadas confundían la ciudad, pudiendo seguir el ejemplo en semejantes sediciones de otros antecesores suyos, retirándose al castillo para asegurarse, se arrojó en un caballo solo y en cuerpo, con espada y daga, en el mayor hervor del tumulto: el cual, suspendido con resolución tan animosa, de tal manera reverenciaron al que aborrecían, granjeados de su valor, que mandándolos abrir las puertas, y las tiendas, recogerse y dejar las armas, fue pacífica y alegremente obedecido. La misma hazaña repitió dos veces en Nápoles en los rumores de Genuino, electo del pueblo, donde el riesgo en que se puso le aseguró con aclamación del que podía tener. Y diciéndole algunos ministros que no saliese, que corría riesgo su vida, respondió: «Creo dicen me darán muerte, y me persuado que si ven que los temo lo ejecutarán». Las cosas grandes no las consigue quien no las aventura. Toda aquella populosísima ciudad le vio en un caballo, acompañado de sola su espada, mandar la quietud que otro alguno no pudiera rogar o persuadir. Y porque nada se olvide, ni parezca persuado a que las conjuras se disimulen, y los traidores se toleren sin castigo público, es de advertir que cuando el príncipe ha convencido a algún vasallo de traición y reducídole a que conozca, con noticia de los reinos, el castigo digno de su infidelidad, entonces los monarcas deben observar las palabras que en el libro 6 de Quinto Curcio capítulo 8, dijeron a Alejandro, viendo se inclinaba a perdonar a Filotas, después de haber convencido sus delitos por dignos de pena de muerte. Son todas dignas de la atención real, igualmente elegantes y de sentencia sólida: «Nosotros te aconsejáramos que le perdonaras antes que le hubieras mostrado cuánto tenías que perdonarle; porque reducido al miedo de la muerte, le es forzoso pensar más en su peligro que en tu beneficio. Él siempre podrá perseguirte, tu no podrás siempre perdonarle. Ni te debes persuadir a que quien se atrevió a tanto, se mudará con el perdón: sabe que los que consumieron la misericordia, no tienen más que aguardar. Nunca con ánimo seguro te deberá la vida. Da vergüenza confesar el hombre que merece la muerte; y al fin, siempre procurará persuadir que antes recibió agravio que vida». Reconozco que debo a Quinto Curcio el acabar con hermosas palabras este tratado.

Libros a la carta

A la carta es un servicio especializado para
empresas,
librerías,
bibliotecas,
editoriales
y centros de enseñanza;
y permite confeccionar libros que, por su formato y concepción, sirven a los propósitos más específicos de estas instituciones.

Las empresas nos encargan ediciones personalizadas para marketing editorial o para regalos institucionales. Y los interesados solicitan, a título personal, ediciones antiguas, o no disponibles en el mercado; y las acompañan con notas y comentarios críticos.

Las ediciones tienen como apoyo un libro de estilo con todo tipo de referencias sobre los criterios de tratamiento tipográfico aplicados a nuestros libros que puede ser consultado en Linkgua-ediciones.com.

Linkgua edita por encargo diferentes versiones de una misma obra con distintos tratamientos ortotipográficos (actualizaciones de carácter divulgativo de un clásico, o versiones estrictamente fieles a la edición original de referencia).

Este servicio de ediciones a la carta le permitirá, si usted se dedica a la enseñanza, tener una forma de hacer pública su interpretación de un texto y, sobre una versión digitalizada «base», usted podrá introducir interpretaciones del texto fuente. Es un tópico que los profesores denuncien en clase los desmanes de una edición, o vayan comentando errores de interpretación de un texto y esta es una solución útil a esa necesidad del mundo académico.

Asimismo publicamos de manera sistemática, en un mismo catálogo, tesis doctorales y actas de congresos académicos, que son distribuidas a través de nuestra Web.

El servicio de «libros a la carta» funciona de dos formas.

1. Tenemos un fondo de libros digitalizados que usted puede personalizar en tiradas de al menos cinco ejemplares. Estas personalizaciones pueden ser de todo tipo: añadir notas de clase para uso de un grupo de estudiantes, introducir logos corporativos para uso con fines de marketing empresarial, etc. etc.

2. Buscamos libros descatalogados de otras editoriales y los reeditamos en tiradas cortas a petición de un cliente.

www.ingramcontent.com/pod-product-compliance
Lightning Source LLC
Chambersburg PA
CBHW030729150426
42813CB00051B/375